신문에 결코 쓸 수 없었던 골프 이야기

한국의 골퍼들2

－

발상의 전환편

신문에 결코 쓸 수 없었던 골프 이야기

한국의 골퍼들

2

발상의 전환편

프롬북스
frombooks

CONTENTS

서문 · 09

1 ⋮⋮⋮⋮⋮⋮⋮⋮⋮⋮⋮⋮⋮ 골프에 대한 발상의 전환

1. 스윙에 목숨 걸지 마라 · 15
2. 내 스윙에 간섭하지 마라 · 17
3. 스윙 감각 찾지 마라 · 18
4. '싱글' 될 생각은 추호도 하지 마라 · 19
5. 돈과 시간이 없다면 아마고수는 꿈꾸지 마라 · 22
6. 반듯하게 치지 마라 · 25
7. 새로운 클럽을 추가하지 마라 · 26
8. 새로운 웨지를 추가하지 마라 · 28

2 ⋮⋮⋮⋮⋮⋮⋮⋮⋮⋮ 제대로 된 연습을 위한 창조적 파괴

1. 당신은 스윙머신이 아니다 · 33
2. 절대로 해서는 안 되는 연습 · 35
3. 설득력 있는 연습 무용론 · 36
4. 연습 칠거지악 · 38
5. 쇼트게임에 비밀이 숨겨져 있다 · 40
6. 연습장 코치도 캐디와 같은 도우미다 · 42

 | 생각만 바꿔도 스코어가 준다

1. 체중 이동 많이 하지 마라 · 47
2. 자신의 구질을 바꾸지 마라 · 49
3. 스윙은 '성형'의 대상이 아니다 · 50
4. 핸디캡 1번 홀을 존중하라 · 52
5. 아마추어를 위한 코스 공략 · 53
6. 라운드 도중 스코어 관리 · 54
7. 스코어 몰락을 막으려면 · 57
8. 스코어 카드를 재작성하라 · 58
9. 실전에서 바로 활용 가능한 팁 · 60
10. 실수의 반복을 막는 오토매틱 시스템 · 64
11. 당신의 그린 공략은 문제가 없는가 · 65
12. 즉석에서 타수를 줄여주는 레슨 · 67
13. 골프 실력 성장에도 단계가 있다 · 70
14. 남이 안 하는 것을 해보자 · 72
15. 박세리도 몰랐던 골프의 속성 · 74
16. 박지은도 한계를 몰랐다 · 76

 | 골프에 대한 생각을 다시 하자

1. 거리 중독증 · 81
2. 골프의 운 · 82
3. 장타의 꿈은 환상 · 84
4. 골프가 쉽게 늘지 않는 이유 · 86
5. 베스트스코어의 악영향 · 87
6. 골프에 대한 환상이 깨질 때 · 89
7. 골프 스트레스에서 벗어나자 · 90

5 골프에 대한 오해와 진실

1. 이븐파를 90타로 바꿔라 · 95
2. 드라이버샷 연습은 사라져야 한다 · 97
3. 골퍼들의 지갑만 축내는 연습장과 스크린골프 · 98
4. 서울대병과 골프병 · 99
5. 왜 맞춤형 골프클럽이 나왔을까 · 101
6. 골프클럽 7~8개로 충분하다 · 102
7. 두 번째 샷은 7번 아이언으로 하라 · 106
8. '레귤러온'의 환상에서 벗어나라 · 108
9. 좋은 클럽에 대한 환상 · 110
10. 클럽메이커의 마케팅에 현혹되지 말라 · 114

6 레슨 바로 세우기

1. 검증되지 않은 레슨의 폐해 · 119
2. 위험한 레슨 · 122
3. 무식해서 무모한 레슨 · 123
4. 지갑과 영혼을 어지럽히는 레슨 · 125
5. 모든 걸 뜯어고치려는 레슨은 피하라 · 127
6. 레슨을 받는다고 실력이 느는 것이 아니다. · 128
7. 정답이 있을 수 없는 스윙레슨 · 129
8. 연습장 프로들에게 따져라 · 130
9. 골프에 필요한 '넛지' 이론 · 132
10. 넛지식 조언과 레슨 · 134
11. 독학으로 골프를 익혀라 · 136

7 정반대로 엇갈리는 레슨

1. 한 가지 스윙만 해야 한다 VS 두 가지 스윙을 가져도 좋다 · 141
2. 그립은 강하게 쥐어야 한다 VS 그립은 약하게 쥐어야 한다 · 143
3. 머리나 하체를 고정해라 VS 약간 움직여도 된다 · 144
4. 아이언을 찍어 쳐라 VS 아이언을 쓸어 쳐라 · 146
5. 어프로치샷은 한 클럽으로 하라 VS 다양한 클럽을 사용하라 · 147

8 골프는 멘탈이다

1. 골프의 '멘탈 스코어' · 153
2. 골프에서 자신감의 세 가지 종류 · 154
3. 잘 치고 난 다음 라운드가 안 될 때 멘탈 전략 · 156
4. 슬럼프가 오면 이를 받아들이고 순응하라 · 157
5. 라운드 도중 마인드 컨트롤 · 159
6. 골프를 잘하려면 '3저(低)'가 필요하다. · 162
7. 한계를 인정해야 골프를 이해한다 · 163
8. 누군가에게 한 수 배우려고 하지 말라 · 165
9. 배운 것은 자신의 것이 아니다 · 167
10. 하수들이 결코 이길 수 없는 것 · 168
11. 절대 우승 못하는 프로 · 170

9 골프와 룰

1. 골퍼를 배제한 채 발달한 골프룰 · 175
2. 프로들, 경기 위원들도 잘 모르는 골프룰 · 178

3. 정상적인 라운드가 불가능하다 · 181
4. 아마추어에 적합한 골프룰 · 182
5. 한국의 골프룰을 만들자 · 184
6. 아마추어는 USGA룰을 따를 필요 없다 · 186

10 골프와 비즈니스

1. 골프 싱글 이면 경영도 싱글 일까? · 191
2. 골프가 비즈니스에 도움이 될까 · 194
3. 골프가 사회활동에 도움이 될까 · 195
4. 골프는 남을 배려하고 즐겁게 하는 것 · 199
5. 골프는 레크리에이션이다 · 200

11 골프의 패러다임 변화

1. 골프에 대한 인식의 전환 · 205
2. 공급자 위주에서 수요자 중심으로 · 206
3. 골프산업의 허와 실 · 208
4. 골프장 변혁이 시급하다. · 212

부록 _

엄격한 프로 규칙 대신 - 신나는 아마추어 골퍼를 위한 룰 적용_실용편 · 215

1권은 골프의 한계를 인정하면서 골프를 잘 치는 방법과 요령에 집중했다면 2권은 지금까지 거론되지 않았던 이야기를 하고자 합니다. 지금까지 신문에 결코 쓸 수 없었던 골프에 관한 다소 불편하고 거북스러운 오해와 진실도 거론하려 합니다.

골프가 아마추어를 위한 운동으로 새롭게 태어나고 앞으로도 우리들 곁에 오래오래 남게 하기 위해 이제 이러한 문제점들이 공론화되어야 할 시점이라고 생각되기 때문입니다. 골프가 특정 계급층의 '자기 과시'를 위한 수단이 아니라 그냥 즐겁고 편하게 대할 수 있는 운동이 되었으면 합니다.

그동안 우리는 골프를 지나치게 심각하게 대했고 너무 사치스럽게 다뤘습니다. 골프에 드리운 환상과 신비의 베일을 벗겨내야 합니다. '골프를 잘 치면 일도 잘하고 대인관계도 넓어진다'는 식의 근거 없는 말들에 더 이상 현혹되지 말아야 합니다.

지금까지 골프를 하면 무조건 좋다는 식으로 무분별하게 받아들였다면 앞으로는 꼬치꼬치 따져보고 손익을 계산해보자는 겁니다. 균형을 잃은 골퍼는 가정에 소홀할 수 있고 자기 계발을 위한 시간을 뺏길 수 있으며 엄청난 경제적 손실을 감수해야 한다는 점도 생각해 봐야 합니다. 골프가 갖고 있는 해악을 감춘 채 무조건 좋다는 식으로 포장해서도 안 될 것이고 남이 하니까 나도 해야 한다는 식으로 몰아가서도 안 되기 때문입니다.

 골프의 실체적 진실에 접근하려는 노력은 쉽지 않는 일이 분명합니다. 때로는 골프장을 욕해야 하고 한편으로는 골프클럽 수입회사에도 싫은 소리를 해야 하기 때문입니다. 어렵게 생계를 이어가는 레슨 코치들에게도 비난할 점이 있고 모두가 괜찮다고 생각하고 있는 부분도 깨야 하기 때문입니다. 10년 넘게 골프를 취재하면서 저 역시 지금 제가 비판하는 부분에 대해 큰 일조를 했다는 점을 인정하지 않을 수 없습니다.

 그러나 아닌 걸 아니다 라고 이제라도 말하는 것이 책임 있는 골프 기자가 갈 길이라고 생각합니다. 누구도 당신은 결코 '싱글' 이 될 수 없다는 '진실' 을 말해주지 않습니다. 싱글을 절대로 꿈꿔서는 안 된다고 말해주지 않습니다. 그건 아마추어 골퍼의 꿈을 꺾어서는 안 되기 때문일까요? 그게 아니라 골퍼들이 지갑을 닫을까봐 두렵기 때문일 겁니다.

 앞으로 골프를 다시 생각해야 합니다. 아마추어 골프의 세계를 바로잡아야 합니다. 골프의 목적은 '싱글' 이 아닙니다. 골프의 목적은 자연을 느끼고 함께 하는 사람들과 즐거운 시간을 갖는 것임을 알아야 합니다. 이를 위해서 연습을 하고 레슨을 받고 새 클럽을 장만하는 겁니다.

 내기를 해서 이기고 동반자를 꺾어야 할 적으로 여기며 이겨야 직성이 풀리는 식으로 골프를 하게 되면 골프는 언젠가 당신에게 흉기로 변해 다가올 겁니다. 당신의 골프는 불만에 가득 차게 되고 매사에 신경질적으로 변해버릴 겁니다. 왜냐하면 골프는 나이가 들수록 더 못치게 될 가능성이 농후한 운동이기 때문입니다.

   골프의 패러다임에 변화가 일어났으면 합니다. 슘페터가 말한 '창조적인 파괴'가 골프에서도 이뤄졌으면 합니다. 이 책이 그 시발점이 됐으면 합니다.

2011.5.16
한은구

골프에 대한 발상의 전환

1 스윙에 목숨 걸지 마라

 그동안 골프를 하면서 독자가 가장 중요하게 생각해온 것이 있다면 무엇인가. 아마추어 골퍼들은 스윙을 최우선으로 꼽는 경향이 강하다. 연습장에서 열심히 연습하는 것도 스윙 때문이고 레슨을 받는 것도 스윙 때문이다. 골프라는 운동이 스윙을 통해 이뤄지는 만큼 제대로 된 스윙을 해야 한다고 여기는 것은 어쩌면 당연하다. 그래서 자세가 이상한 스윙을 구사하는 골퍼들은 실력이 없을 것으로 생각하기 쉽다. 때로는 동반자들로부터 놀림의 대상이 되기도 한다. 그러나 골프는 보기 좋은 스윙을 한다고 해서 잘 치는 것이 결코 아니다. 멋지고 깔끔한 스윙보다 일관된 스윙이 더 중요하다. 스윙 폼은 외부로 드러나는 것일 뿐 골프에 큰 영향을 미치지 않는다. 물론 남들 보기에 좋은 스윙 자세가 더 나은 것은 두말하면 잔소리다. 그러나 스윙폼이란 것은 눈요기 그 이상도 그 이하도 아니다. 보기에 좋지 않다고 해서 그 스윙을 '성형' 해야 하는 것은 아니다. 남들 보기에 이상한 스윙을 갖고 있다고 해서 폼 나게 멋진 스윙으로 바꾸려 하면 안 된다. 자신의 스윙 그대로를 받아들여라.

아마추어 골퍼들은 스윙에 모든 것을 걸면 안 된다. 현재의 스윙에 만족해야 한다. 자신의 스윙을 더 보기 좋게 만들거나 더 파워 있게 하겠다는 생각은 금물이다. 보기플레이어 정도의 실력이 되면 스윙에 대해서는 더 이상 손대지 말아야 한다. 스윙을 바꾼다고 성적이 좋아질 것이라는 생각은 착각이다. 혹시 레슨을 받으면서 스윙을 교정 중이라면 하루속히 중단하는 것을 심각하게 고려해야 한다.

아마추어 골퍼는 스윙보다 당일 라운드 컨디션에 더 집중해야 한다. 라운드하기 전날 과음한다거나 무리한 일을 한다면 다음날 좋지 못한 컨디션으로 라운드에 임하게 되고, 평소 자신의 스윙이 나오지 않을 가능성이 높아진다. 이때는 어떻게 라운드할지를 더 연구해야 한다. 오늘 스윙이 다르고 내일 스윙이 다르다. 스윙은 흔들리는 갈대와 같다. 이러한 스윙을 믿고 골프를 하면 십중팔구 화만 난다. 스윙은 골프를 하는 도구일 따름이다. 반복적으로 나올 수 있으면 그만이다.

그렇다고 100% 일관되게 반복하려고 욕심을 내서도 안 된다. 그것 또한 불가능하기 때문이다. 60% 정도만 일정하게 유지할 수 있다면 누구나 수준급 골프를 칠 수 있다. 스윙이 차지하는 비중을 스스로 낮춰보자. 스윙보다는 라운드에 돌입하기 전 준비를 철저히 한다거나 라운드하면서 어느 곳으로 공을 보내야 위험을 피할 수 있는지 등을 더 생각해야 즐겁고 발전적인 골프가 가능하다는 사실을 받아들이자.

2 내 스윙에 간섭하지 마라

한때 국내 아마추어 골퍼들 사이에서 최고수는 단연 김봉주 씨였다. 최고 권위를 자랑하는 한국미드아마추어 대회를 3연패하기도 했고 아마추어 전국 대회 우승을 거의 휩쓸다시피 했다. 아마추어 세계에서는 사실상 적수가 없다고 할 정도로 고수였다. 심지어 주니어 선수들처럼 국가 대표를 해보겠다고 마흔이 넘어 대학교에 편입하기도 했다. 아쉽게도 부상을 입은 탓에 더 이상 활약을 못 하고 있지만 1990년대 국내 최고의 아마추어 강자였다.

김 씨는 정식 레슨을 받지 않고 연습장에서 남의 스윙을 곁눈질하면서 배웠다. 골프를 잘 치게 되면서 최광수 등 친해진 선수들로부터 잠시 레슨을 받기도 했지만 전형적인 '독학파 골퍼'가 그였다. 아마추어 골퍼에게 가장 해주고 싶은 말을 물었을 때 그 역시 스윙을 자주 바꾸지 말 것을 조언했다. 아마추어 골퍼들이 스윙을 자주 바꾸기 때문에 골프가 어려워진다는 것이 그의 지론이다. "스윙은 자기 주관이 확실해야 해요. 이 사람, 저 사람 이야기를 듣고 스윙을 바꾸면 절대로 고수가 될 수 없습니다. 스윙이 잘못돼 있으면 조금씩 바꾸어야지 지금 아무 문제가 없는데 스윙을 바꾸면 길을 찾겠다고 밀림 속으로 뛰어드는 것과 같습니다"라고 말했다.

스윙은 누구도 함부로 이래라, 저래라 할 수 없다. 연습장에 있는 레슨코치들도 포함되는 말이다. 스윙에 정답이 없다 보니 누구나 코치가 될 수 있다. 아마추어가 아마추어를 가르칠 수도 있는 것이 골프 스윙이다. 누구한테 가르침을 받으려 하지 말고 자신만의 스윙을 만들어가자. 열 사람이면 열 사람의 것이 모두 다른 것 또한 스윙이다. 반복적인 연습과 이미지 트레이닝을 통해 자신의 스윙을 완성해야 한다. 누가 옆에서 뭐라 해도 나만의 스윙을 하는 골퍼만이 스윙 고수가 될 수 있다. 그렇다고 스윙을 멋대로 만들라는 얘기가 결코 아니다. TV를 통해 좋은 스윙을 많이 볼 수 있으니 자신과 체형이 비슷한 프로들의 연속 스윙을 세밀히 관찰하면서 이를 따라 해보도록 하자.

3 스윙 감각 찾지 마라

골프를 하다 보면 기가 막히게 잘 맞을 때가 있다. 이럴 때는 스윙에 대한 자신감이 붙으면서 골프 만족도가 높아진다. '골프가 이렇게 재미난 운동이구나' 하고 홀딱 반하게 된다. 특히 스윙 감각이 좋을 때는 '아! 스윙에 참맛이라는 걸 이제야 알겠네' 하는 깨달음까지 얻는다. 어떤 상황에서도 자신의 스윙 감각으로 컨트롤이 가능해지는 쾌감은 이루 말할 수 없다. 하지만 잔인하게도 골프라는 운동은 그토록 좋은 감각을 항상 유지할 수 없다는 점을 인정해야 하겠다. 어느 순간 그 좋던 감각을 잃어버리고 헤맬 수 있음을 말이다. 인간의 몸 자체가 기계처럼 일관되지 못하기 때문에 변화는 불가피하다. 좋은 감각이 사라지는 것은 자연스러운 현상이다. 미치도록 사랑하던 남녀가 언젠가는 뜨뜻미지근해지는 것과 같은 이치다.

그렇다면 어떻게 해야 하는가. 어떻게 해야 좋은 스윙 감각을 오래도록 유지할 수 있을까. 좋은 스윙 감각을 오래도록 유지하려면 스윙 감각에 대한 생각을 먼저 바꿀 필요가 있다. 연습장에서 또는 필드에서 갑작스레 기막히게 샷이 잘 맞기 시작하면 누구든 그때부터 자신이 어떤 감각으로 스윙했는지 기억하려고 애를 쓸 것이다 '아하! 이렇게 하니까 잘 맞는구나!' 하고 생각한다. 이때부터 그 감각이 골퍼를 지배하게 된다. 하지만 인간의 몸은 변할 수밖에 없다. 한 번 다가온 스윙 감각을 지나치게 신봉하면 조만간 닥쳐올 '감각 상실'의 후유증을 심하게 앓을 수 있다.

스윙이 잘 되면 너무 깊게 생각하지 말라. '오늘은 잘 맞는구나' 하면서 가볍게 넘겨야 한다. 스윙 감각은 왔다가 가버리고, 갔다가 다시 오기도 하는 갈대와 같다. 중요한 것은 오늘 내 컨디션이 어떻고, 또 코스는 어떤지를 생각하면서 거기에 맞춰 공략하는 것이다. 자꾸 스윙 감각을 찾는 것은 무지개를 쫓는 것이나 다름없다. 스윙 감각이 나빠도 거기에 맞춰서 라운드할 줄 아는 능력이 더 필요하다.

4 '싱글'될 생각은 추호도 하지 마라

'주말골퍼'들이 '싱글'이 될 수 없는 것은 시간과 돈이 없어서 그렇기도 하지만 능력이 받쳐주지 못하는 부분도 크다. 클럽챔피언급 아마 고수들의 공통점은 평균 240~250야드 이상을 날리는 능력을 타고났다는 데 있다. 여기에서 아마추어 골퍼들이 크게 착각하는 부분을 짚고 넘어가고자 한다.

아마추어들은 자신의 드라이버샷 거리를 잘 알지 못한다. 어떤 때는 잘 맞고 어떤 때는 안 맞고 하는 이유도 있지만, 대부분 자신이 잘 칠 때 낼 수 있는 최대 거리를 자신의 평균 드라이버샷 거리로 오해한다. 잘 맞을 때 230야드 정도 날아가는 골퍼의 평균 드라이버샷 거리를 계산해보면 200야드 정도에 불과하다. 좀 멀리 친다는 사람들도 잘 관찰해보면 평균 220야드를 넘기는 경우가 드물다. 가끔 '아마고수'들 중에도 280야드를 친다는 사람들이 있지만 직접 라운드를 해보면 250야드 정도이고 어쩌다 잘 맞아야 280야드 정도를 기록한다. 평균 250야드를 넘긴다면 그는 엄청난 장타자이고 '싱글'이 될 수 있는 능력을 갖추었다고 인정할 수 있다. 여기에서 꼭 기억해야 할 점은 '평균'이라는 것이다. 레슨을 받으면 '싱글'이 된다느니, 이 클럽을 사면 거리가 는다느니 그런 상술에 속지 말자는 것이다.

그러나 99%의 아마추어 골퍼는 '싱글'이 되기 힘들다. 아니, 될 수 없다. 필자의 이런 진단이 너무 억지라고 생각하지 말기 바란다. 현실이 이러하니 착각하지 말자는 뜻이다. 주말골퍼들이 절대로 '싱글'이 될 수 없는 이유를 현재 클럽챔피언급 실력을 갖춘 아마고수들의 사례를 들어 설명해보겠다. 우선, 클럽챔피언급 수준의 실력을 갖춘 아마고수들은 대부분 1년 이내에 싱글이 됐다. 이것은 아주 중요한 사실이다. 필자가 만난 200여 명의 아마고수 가운데 거의 98%가 1년 이내에 싱글이 됐다는 사실, 즉 1년 이내에 '싱글'이 못 되면 영원히 '싱글'이 될 수 없다고 생각해도 좋다는 것이다. 너무나 확고한 이 사실을 그동안 아무도 얘기하지 않았다. 그냥 막연하게 '열심히 하면 싱글이 될 수 있지 않을까?' 하고 환상을 가져온 탓이다. 그래야 사람들이 레슨도 받을 것이고 해마다 새 클럽을 장만할 것이고 연습장도 부지런히 다닐 것이기 때문이다.

 필자도 열심히 노력하면 싱글이 될 수 있다고 말하고 싶다. 하지만 오랜 기간의 취재 경험을 통해 필자가 내린 결론은 그게 아니다. 이제는 진실을 말해야 하고 골프를 시작하는 초보 아마추어 골퍼들에게 이를 명확히 고백해야 할 때가 됐다고 생각한다. 필자의 말이 틀리지 않음을 자신하는 이유를 더 설명하겠다. 1년 이내에 '싱글'이 된 아마고수들이 그 1년을 어떻게 보냈는지 아는가. 한마디로 거의 생활의 전부를 공만 쳤다고 생각하면 된다. 사업도 개인사도 가족과의 오붓한 시간도 없이 1년 내내 골프만 했다고 보면 된다. 거기에 장타자라는 신체의 기본적인 이점을 타고나야 한다.

 또 한 가지 덧붙여보겠다. 쇼트게임을 잘해서 '싱글'이 될 수 있다는 얘기를 들어봤을 것이다. 역시 이것도 틀린 얘기다. 어프로치샷하고 퍼팅을 잘해서 '싱글'을 유지한다는 것은 정말 골프를 모르고 하는 소리다. '레귤러온'을 못 하는데 매번 잘 붙여서 파를 세이브한다는 것은 이론적으로는 그럴싸하다. 그러나 매번 그렇게 한다는 것은 불가능하다. 새로운 코스를 만나면 그런 골퍼는 순식간에 90타를 친다. 필자는 '쇼드게임의 달인'이라고 주장하는 골퍼들의 실력 얼마나 형편없는지 수도 없이 확인했다. 매번 자신이 찾는 평평하고 쉬운 골프장에서는 가능할지 모르나 조금만 코스가 바뀌어도 '쇼트게임'의 달인들은 형편없는 실력이 되고 만다. 100타를 넘게 치는 경우도 자주 봤다.

필자가 말하려는 것은, '싱글'은 '주말골퍼'들이 도달할 수 있는 경지가 아니라는 것이다. 그런 생각 자체를 하지 말라는 것이다. 죽어도 안 되는 일을 목표로 삼으면 그 골프는 괴로움의 연속이 되고 짜증만 나기 마련이다. 비싼 돈 주고 왜 그런 골프를 해야 하는가.

5 돈과 시간이 없다면 아마고수는 꿈꾸지 마라

골프에 재미가 붙기 시작하는 '보기플레이어'가 되면 그때부터 골프에 관한 관심이 부쩍 늘어난다. 평소 읽지 않던 레슨 서적도 찾아서 읽게 되고 골프 중계도 보고 골프 대회장도 찾아가는 열성을 낸다. 연습장에서 남몰래 땀을 흘리며 '칼'을 갈기도 하고, 새로운 '병기'가 나타나면 쌈짓돈을 털어 장만하기도 하는 것이 이 시절의 모습이다. 아마추어 골퍼들이 꿈꾸는 것은 '고수'가 되고 싶은 것일 게다. 18홀 라운드를 하는 동안 매번 70타대 스코어를 기록하고 가끔 언더파를 치고 싶은 것이다.

그러나 그들은 모른다. 그들이 꿈꾸는 '싱글'이 얼마나 어려운 길인가를. 아니, 아무도 말을 해주지 않는다. 왜냐하면 그 경지에 오른 사람이 너무나 드물기 때문이다. 이른바 '아마고수'라고 할 만큼의 실력을 갖춘 사람은 눈 씻고 찾으려 해도 쉽게 찾을 수 없기 때문이다. 필자는 '클럽챔피언급' 실력을 갖춘 수백 명의 아마고수들을 만나봤다. 그러면서 그들의 연습 방법을 몇 년간 취재해왔다. 그러면서 필자가 내린 결론은 아마고수가 되려면 '다시 태어나는 길밖에 없다' 는 것이었다. 지금 평균 드라이버샷 거리가 200야드인 분들은 진정으로 골프를 즐기는 데 목적을 둬야 한다. 실력을 키우려고 하면 안 된다. 사실 하려고 해도 불가능한 일이다.

문제는 평균 드라이버샷 거리가 230야드인 사람들이다. 주변에서 장타자 소리를 듣는 이 사람들이 문제다. 조금만 하면 '싱글' 이 될 거 같기 때문이다. 필자는 솔직하게 말하고 싶다. 이뤄지지도 않을 가능성을 두고 최선을 다하자는 식의 무책임한 조언은 피하고 싶다. 아마고수들을 인터뷰하면서 솔직히 이들이 과연 진정한 아마추어 골퍼인가 하는 의문이 들었다. 이들 아마고수 대부분의 공통점이라면 거의 매일 골프를 친다는 데 있다. 도대체 무슨 일을 하는지 파악은 안 되지만 1주일에 3~4차례 반드시 라운드를 나간다. 한국에서 주말은 고사하고 평일 라운드를 한 번 하려고 해도 최소한 30만 원은 있어야 한다. 도대체 이들의 라운드 비용은 어디에서 나오는 것인가. 국내에 주 3회 하루 종일 라운드를 할 수 있는 골퍼가 얼마나 있을까. 이미 골프에서 '싱글' 이 될 사람은 정해져 있는 것이다. 첫째, 돈이 참으로 많아야 하고, 둘째 시간에 구애받지 않을 수 있는 직업을 가지고 있어야 한다. 이것이 기본으로 확보되지 않으면 '싱글' 이라는 꿈은 헛되고 헛된 것이 되고 만다는 사실. 속이 쓰리지만 인정해야 하는 불편한 진실이다.

[고정 관념을 바꿔주는 한마디]

일본 골프투어에서 활약하는 허석호 프로를 만나 레슨 인터뷰를 진행할 때 매우 공감이 가는 한마디가 있었다. 백스윙과 관련된 지적이었는데, 스윙에 대한 개념을 재정립해주는 의미심장한 말이었다. 허석호 프로는 "그동안 스윙에 대한 레슨 이론을 보면 왼쪽 어깨를 밀어주는 식으로 백스윙하는 것이 상당히 강조돼왔다. 그러나 왼쪽 어깨를 밀어주는 식으로 백스윙하면 그 과정에서 아무래도 힘이 들어가게 된다. 왼쪽 어깨를 밀어주기보다 오른쪽 어깨를 뒤로 돌려주면 백스윙이 훨씬 부드럽게 이루어지는 것을 느낄 수 있다고 조언했다.

스윙은 생각을 한 번 바꿔주는 것만으로 엄청난 변화를 가져올 수 있다. 허 프로의 백스윙에 대한 조언은 지금까지 끊임없이 반복되는 행동에 대한 표현이지만 전해오는 느낌이 전혀 다르다. 백스윙을 할 때 왼쪽 어깨를 밀어서 턴을 하려고 노력하기보다 오른쪽 어깨를 돌려주면 이전보다 훨씬 편하게 이뤄진다. 불필요한 힘이 들지 않으면서 턴이 잘 돼 상체가 잘 꼬이는 이점도 있다. 오른쪽 어깨를 뒤로 빼주면 왼쪽 어깨는 자연스레 따라오게 마련이다. 골프에서는 이처럼 예전에 느끼지 못한 것을 단번에 깨닫게 하는 '아하!'의 순간이 있다. 이런 느낌이 왔을 때 좋은 가르침을 배우는 것이다. 이와 반대로 스윙에 대해 예전과 너무 다르고 어색한 느낌이 든다면 이는 골프를 밀림 속으로 끌고 들어가는 것과 마찬가지다.

또한 평소에 너무나 당연하게 들었던 말이지만 이것이 스윙을 굳게 만들고 힘이 들어가게 하는 것이라면 과감히 다른 것으로 바꿀 필요가 있다. 허석호 프로는 임팩트와 관련해서 '아이언을 찍어 친다'는 것은 사실상 '헤드스피드를 죽여라'는 말과 다름없다며 이 역시 잘못된 말이라고 지적했다. 아이언은 찍어 치겠다는 생각보다 임팩트 이후 헤드스피드를 빠르게 하겠다는 생각을 가져야 한다는 것이다. 골프에는 의외로 잘못된 고정 관념을 진리처럼 신봉하는 경우가 많다. 절대로 그렇지 않다. 골프에서는 '반드시 이렇게 해야 한다'는 절대 명제가 생각보다 많지 않다. 다양한 시도와 창조적인 사고가 정형화된 레슨이나 이론보다 나을 때가 많다.

6 반듯하게 치지 마라

아마추어 골퍼들은 대부분 공이 반듯하게 날아가기를 바랄 것이다. 곧게 날아가는 볼은 보기만 해도 시원하고 짜릿한 기분을 갖게 한다. 그러나 야속하게도 현실에서는 달라도 너무 다르다. 대부분 왼쪽이나 오른쪽으로 휘어 날아가고 어쩌다 한 번씩 환상처럼 반듯하게 날아간다. 문제는 이때부터 생겨난다. 자신이 원하는 대로 공이 날아가지 않는다고 신경을 쓰기 시작한다. '아니, 왜 공이 반듯하게 날아가지 않지?' 하는 생각이 드는 순간 연습의 목적은 반듯하게 공을 치기 위한 행위로 바뀐다.

왜 공이 반듯하게 날아가지 않을까. 이유는 간단하다. 스트레이트 볼 자체가 가장 어렵고 사실상 불가능한 샷이기 때문이다. 프로들도 공을 반듯하게 치려고 애써 의도하지 않는다. 그만큼 반듯하게 날아갈 확률이 낮다는 얘기다. 반듯하게 치려고 하면 어떤 문제점이 생겨날까. 스트레이트 구질만 집중해서 치다 보면 페이드나 드로, 두 가지 구질이 생겨날 수 있다. 골프에서는 한 번 샷을 할 때마다 정반대의 성격을 가진 페이드와 드로 구질이 나오면 안 된다. 그렇게 되면 샷의 정확도가 현저히 떨어진다. 공을 칠 때마다 왼쪽으로 휘거나 오른쪽으로 휘는 것을 두려워한다면 자신감을 잃는 결과만 낳는다. 그렇기 때문에 연습장에서는 스트레이트 구질을 연습하지 않는 것이 좋다. 외려 연습장에서 스트레이트 구질을 완성하기 위해 피땀 흘려 연습하고 어느 정도 그 성과를 얻어냈다고 가정했을 때, 코스에 맞춰 샷을 해야 하는 골프장에서는 반대로 맞지 않을 확률이 더 높다.

페이드 구질이나 드로 구질이나 자신이 의도하는 샷의 방향을 정해야 한다. 누구나 자신만의 구질이 있다. 슬라이스가 많이 나는 사람은 이를 자신의 구질로 만들어야 한다. 다시 말하지만 반듯하게 치려고 하지 말고 슬라이스를 자신의 무기로 발전시켜 응용하는 역발상을 강구해야 할 것이다. 페이드 구질만 연습해두면 실제 샷을 하게 될 경우 페이드샷이 나오거나 스트레이트샷 등 두 가지 중 하나가 나오게 된다. 페이드 구질을 치려고 했지만 의도한 대로 되지 않고 미스샷이 나더라도 똑바로 날아간다는 것이다. 그만큼 정확도가 한결 높아진다. 기억하자. 그리고 새겨보자. 가장 미련스러운 연습 방법은 연습장에서 아무 생각 없이 공을 치면서 반듯하게 날아가는 지 확인하는 것임을. 이보다 더욱 미련스러운 것은 반듯하게 날아가지 않는다고 이를 고치려고 하는 것임을 말이다. 연습할 때는 자신의 구질에 맞춰 무기로써 발전 시켜야 한다는 점을 반드시 기억하자.

7 새로운 클럽을 추가하지 마라

골프클럽 산업에서 브랜드 인지도가 떨어지는 '마이너' 클럽메이커들이 취하는 전략은 틈새 시장을 공략하는 것이다. 골프클럽의 틈새 시장은 골퍼들의 골프백에 추가로 끼워 넣을 수 있는 클럽이다. 예를 들어 하이브리드클럽이나 웨지, 퍼터가 대표적이다. 언제부터인가 3번이나

4번 아이언, 심지어 5번 아이언 대신 하이브리드클럽을 사용하는 경향이 커졌다. 물론 이 클럽이 치기 쉽다는 이점 때문이다. 롱아이언이 잘 맞지 않기 때문에 페어웨이우드 비슷한 클럽을 사용하라는 것이다.

그러나 이것은 별로 바람직하지 않다. 골프는 한 번 쉬운 것을 택하면 이전 것으로 돌아가기가 매우 힘들다. 하이브리드클럽은 아마추어 골퍼에게 독으로 작용할 가능성이 높다. 하이브리드클럽을 선호하면 코스를 공략할 때 악영향을 미친다. 분명히 무리한 공격을 하면 안 되는 상황에서 하이브리드클럽을 과신하고 과감한 공격을 감행하게 된다. 아마추어가 이렇게 하면 90% 이상 '더블파'로 간다. 아마추어는 긴 거리를 클럽을 바꿔서 공략하겠다는 생각을 하면 안 된다. 그냥 잘 맞는 클럽(7번 아이언처럼 손에 익숙한 클럽)으로 끊어서 가야 한다. 웨지도 마찬가지다. 필자가 보기에 샌드웨지와 피칭웨지 사이에 있는 어프로치 웨지 정도면 충분하다. 다른 것은 겉멋일 뿐 새로운 로브웨지를 쓸 이유가 없다. 새 웨지를 구입하면 쓸데없이 그린 주위에서 실험하려고 덤빌 것이 자명하다. 결과는 보나마나다. 기존에 있는 클럽이나 더 익숙하게 쓰려고 노력하자.

최근에 웨지의 그루브 논란으로 인해 일부 클럽메이커들이 규정에 맞는 웨지를 내고 있다. 이는 상술에 불과하다. 웨지 그루브 논란은 아마추어와는 아무 상관없다. 몇 년 뒤에는 아마추어에게 적용한다고 하지만 그게 국내 아마추어랑 무슨 상관이 있는가. 누가 당신더러 그 규정을 따르라고 했는가. 그렇게 룰을 지키고 싶어 안달이 났다면 기본적인 룰부터 지키려고 신경 쓰는 게 낫다. 지금 당신이 갖고 있는 클럽으로 라운드를 하는 데 아무 문제가 없다. 클럽을 바꾸면 자칫 미세한 변화로 인해 큰 고생을 할 수 있다. 클럽메이커들이 써놓은 로프트 각, 라이 각, 샤프트 강도는 제멋대로다. 지금 쓰고 있는 클럽으로 평생 쓸 수 있다. 이제 혁신적인 클럽은 더 이상 나오지 않는다. 지금의 클럽에 만족하라.

8 새로운 웨지를 추가하지 마라

골프를 어느 정도 즐길 수준이 되면 어프로치샷에 많은 공을 들이게 된다. 드라이버샷과 아이언샷이 안정되면 누구나 그 다음에는 쇼트게임이 크게 다가온다. 이때부터 그린 주변에서 잃는 스코어가 많다는 사실을 깨닫고 이를 만회하려는 노력이 뒤따른다. 이런 상황에서 아마추어 골퍼들이 무의식적으로 선호하는 것이 어프로치샷 클럽 보완이다. 과거 피칭웨지와 샌드웨지만 사용해도 충분했으나 이제는 피칭웨지와 샌드웨지 사이의 웨지를 추가하고 60도에다 64도 웨지까지 곁들인다. 웨지가 많을수록 고수처럼 보인다. 반짝반짝 빛나는 웨지들이 골프백에 여러 개 쌓일수록 그만큼 실력이 출중하다는 얘기다. 물론 그 얘기는 맞다.

그러나 과연 아마추어 골퍼에게 네 개 이상의 웨지가 필요할까? 사실 아마추어 골퍼가 그렇게 많은 웨지를 사용한다는 것은 '과시' 외에는 다른 목적이 없다. 그렇게 세밀하고 정확히 거리를 맞출 수 있는 아마추어는 거의 없다. 그동안 쓰지 않던 새로운 웨지를 추가하는 것은 아마추어에게 별로 권하고 싶지 않다. 지금 공부하고 있는 책도 마무리하지 못한 상태에서 새로운 참고서를 추가로 구입한다고 해서 실력이 늘어난다고 할 수 없다. 어프로치샷이 잘 안 된다고 느낄 때는 지금 사용하는 어프로치샷을 더욱더 애용하고 연습하는 것이 바람직하다. 겉멋을 추구하는 골프는 정작 골프장에서 자주 망신당한다. 기존의 것으로 최선을 다하는 모습은, 멋은 없어 보이지만 오래 묵은 된장처럼 능숙한 샷을 가능케 한다.

2

제대로 된 연습을
위한 창조적 파괴

1 당신은 스윙머신이 아니다

공부도 요령이 있고 사업도 요령이 있듯이 골프 연습에도 요령이 필요하다. 무작정 연습장에서 연습만 한다고 골프 실력이 느는 것은 아니다. 그동안 취재를 통해 만난 아마고수들의 연습 방법과 직접적인 경험을 통해 얻은 연습 요령을 소개하려고 한다. 어떻게 연습해야 실력이 향상되는지를 제대로 알아보자.

아마추어들이 연습장에서 연습하는 것을 보면 '스윙 머신'이 공을 치는 것 같다. 쉴 새 없이 반복해서 공을 쳐낸다. 이런 연습 습관은 연습장이 시간제로 운영되기 때문에 생겨난 현상이다. 70분 동안 한 개의 연습볼이라도 더 치겠다는 욕심에 땀을 뻘뻘 흘린다. 그러나 이런 연습 방법은 자칫 약이 아니라 독이 될 수 있다. 나쁜 스윙을 반복적으로 하다 보면 잘 치기 위해 연습하는 게 아니라 못 치기 위한 연습을 경쟁적으로 하는 것과 같아진다.

연습할 때는 뚜렷한 목표가 있어야 한다. 연습장에서 무작정 볼을 치는 것이 아니다. 목표 없는 연습으로는 실력이 결코 늘 수 없다. 오히려 스윙의 변화를 가져와 실력이 퇴보할 수도 있다. 어떻게 연습하겠다는 계획이나 목표를 반드시 세워야 한다. 연습장에 가기 전 구체적으로 '오늘은 어떻게 연습하겠다'는 계획을 세우고 가라. 연습은 자신에게 가장 취약한 샷을 연습하는 것이다. 누구에게나 안 되는 부분이 있다. 프로들도 대회가 끝나면 부족한 부분을 집중적으로 연습한다. 골프는 자신의 잘못을 고쳐야만 실력이 늘 수 있는 스포츠다. 짝수 일에는 짝수 번호, 홀수 일에는 홀수 번호 아이언을 연습하는 것도 간단하지만 나름대로 계획이 있는 것이다. 연습 계획은 구체적일수록 좋다. 이번 달에는 피칭웨지를 마스터하고 다음달에는 8번 아이언을 집중 연습하겠다는 식으로 월별 주제를 정하는 것도 지혜로운 방법이다. 더욱 세밀하게 계획한다면 110m 거리를 자신이 좋아하는 거리로 만들고 이를 집중적으로 연마하는 것이다.

연습장에서 샷을 할 때도 뚜렷한 목표가 있어야 한다. 연습장의 기둥과 기둥 사이 어느 지점으로 볼을 보내겠다는 생각을 갖고 샷을 해야 한다. 떨어지는 지점을 매우 구체화해야만 실전에서도 그런 습관이 생겨 좋은 샷을 할 수 있다.

2 절대로 해서는 안 되는 연습

골프 연습을 하면서 가장 경계해야 할 것이 있다. 어쩌면 절대로 시도해서는 안 되는 것이기도 하다. 박세리, 박지은 등이 좋은 성적을 올리다가 부진한 대표적인 이유이기도 한 그것은 바로, 자신의 스윙을 바꾸려고 하는 아주 위험한 연습을 말한다. 이는 프로들도 성공 확률이 매우 낮은 큰 모험이다.

박세리와 박지은은 공교롭게도 당대 최고의 골퍼인 아니카 소렌스탐의 그늘을 벗어나지 못했다. 그를 이겨보겠다고 둘은 똑같이 스윙을 교정했다. 박세리는 거리를 늘리려는 목적으로 파워를 기르면서 스윙에 변화를 가져왔다. 박지은은 부치 하먼 등 유명 교습가를 만나 스윙을 교정했으나 혼란 속에 빠져버렸다. 둘은 성적이 오르지 않자 예전 스윙으로 돌아가려고 했으나 이미 때는 늦어버렸다. 그 뒤로 최경주가 스윙 교정을 시도한 뒤 슬럼프에 빠져들었다. 최경주는 항상 메이저 대회 우승을 위해 스윙을 교정한다고 했지만 뜻대로 되지 않았다. 박세리, 박지은, 최경주 등 당대 최고의 프로들도 원하는 스윙 교정을 이루지 못했다. 이는 지금보다 조금 더 잘해보겠다고 스윙을 바꾸는 것이 얼마나 위험천만한 일인가를 보여주는 대목이다. 한때 타이거 우즈의 경쟁자였던 데이비드 듀발도 스윙을 교정하려다가 'C급 선수'로 전락해버린 교훈을 잊어서는 안 된다.

아마추어 골퍼들도 마찬가지다. 현재 자신의 골프 실력이 80타대를 치는 수준급이라면 당연히 욕심이 생기기 마련이다. 70타대 싱글이 되고자 하는 마음에 스윙을 바꾸는 작업에 들어가면 이는 기름을 안고 불에 뛰어드는 것과 마찬가지다. 스윙은 절대로 바꾸지 말라. 스윙을 바꾸지 않는 한도 내에서 스코어를 낮출 수 있는 길을 찾아야 한다. 그 누구든 스윙을 바꾸라고 말해도 절대로 듣지 말라. 당신의 스윙을 모두 뜯어 고치려는 레슨코치가 있으면 지금 당장 레슨을 중단하라. 특히 거리를 늘리겠다는 마음으로 스윙을 바꾸는 것은 장차 골프를 포기할 수 있는 심각한 슬럼프의 씨앗을 뿌리는 것과 같다.

2006년 닥스아마추어 최강전 이상수 챔피언은 "골프를 잘하기 위해서는 '평생 운동'이라 생각하고 꾸준히 연습을 하는 길밖에 없다. 볼이 맞지 않는다고 스윙을 이리저리 바꾸면 안 된다. 자신만의 스윙을 갖고 있어야 한다. 사람마다 체격이 다르기 때문에 스윙에 교과서적인 정답은 없다"라고 단언한다. 2008년 한경 선정 아마추어 랭킹 2위에 오른 문현소 씨도 "스윙을 자주 바꾸면 안 된다. 보기플레이어 이상이 되면 기본 스윙으로 되돌아가기보다 자신에게 편한 스윙을 하는 게 옳다. 몸이 말을 듣지 않는 상황에서 무리하게 스윙의 기본을 좇다가는 골프의 흥미를 못 느끼고 힘만 든다" 하고 고 조언했다.

3 설득력 있는 연습 무용론

미국 시니어 PGA투어에서 활동하는 브루스 리에츠키는 연습을 하지 않는 프로로 유명하다. 리에츠키는 아마추어들에게도 연습을 하지 말고, 골프 교습서를 보지 말라고 권장할 정도다. 연습을 하거나 교습서를 보면 오히려 나쁜 버릇만 익히게 된다는 게 그의 주장이다. 1주일에 한 번도 필드를 찾기 힘든 아마추어 골퍼들이 이 사람, 저 사람의 레슨을 들어봐야 혼란만 가중된다는 것이 그의 논리다. 그는 1974년 프로데뷔 후 지금까지 연습이라곤 대회 직전 몸을 푸는 수준을 벗어나지 않는다. 그리고도 상금랭킹 20~30위권을 꾸준히 유지해왔다. 그에 관한 유명한 일화가 있다. 그의 캐디가 정말 연습을 안 하는지 알아보기 위해 시즌이 끝난 뒤 드라이버 커버 속에 바나나를 넣어두었다. 다음 시즌 첫 대회 때 만나 드라이버 커버를 열어보니 바나나 썩는 냄새가 진동해 겨우내 한 번도 클럽을 꺼내지 않았다는 것을 확인했다고 한다.

리에츠키의 연습 무용론은 "연습은 오히려 나쁜 습관을 길들이는 해악이 더 크다"라는 면에서 곱씹어볼 필요가 있다. 아마추어 골퍼들이 연습하는 이유는 스윙을 더 좋게 만들어 스코어를 낮추기 위함이다. 그러나 과연 그럴까. 연습을 통해 스윙이 더 좋아질까. 스윙이 더 좋아질 것으로 생각하는 것 자체가 무모한 생각일 수 있다. 그러면 연습을 아예 하지 말라는 것인가. 이렇게 이해하자. 스윙을 바꾸는 연습은 하지 말자. 그건 프로들도 성공하지 못하는 불가능에 도전하는 꼴이다. 자신의 생김새를 바꾸거나 타고난 키를 늘리려는 노력과 비슷할 수도 있다.

그런 노력보다 현재의 스윙을 믿고 자신감을 갖고 꾸준히 스윙하는 것이 훨씬 더 낫다. 즉 현재의 스윙 리듬을 지키기 위해 체력을 기르고 지속적으로 자신을 관리하는 것이 더 중요하다는 얘기다. 그래서 골프 입문할 때 1~2년 연습하는 것이 가장 중요하다. 그때 모든 스윙이 형성된다. 이 기간을 넘어서면 당신의 스윙은 어쩌면 더 이상 향상되지 않는

다. 다만 그때그때 잘 맞고 안 맞을 때가 있을 뿐이다. 골프 연습장에서 쓸데없는 스윙한다고, 레슨받는다고 시간 버리지 말고 체력을 지속적으로 관리하는 시간을 확보하고 여기에 모든 역량을 쏟는 편이 낫다는 주장을 생각해볼 필요가 있다.

4 연습 칠거지악

골프는 모르면 한없이 밀림 속으로 들어갈 수밖에 없는 운동이다. 꼭 이렇게 해야 한다는 정답이 없는 운동이다 보니 이 사람이 이 얘기를 하면 맞고 저 사람이 저 얘기를 해도 맞다. 그러다 보니 제대로 된 이론보다 불필요한 이론이 너무 많이 생겨났다. 특히 아마추어들의 상황을 도외시한 채 여기저기에서 베끼고 주워들은 레슨이 난무하는 실정이다. 연습백서는 필자가 10년간 프로들과 아마고수들을 취재하는 과정에서 깨달았던 교훈이다. 아마추어 골퍼들에게는 연습할 때 교본이 될 수 있지 않을까 한다. 마지막으로 연습할 때 하지 말아야 할 '연습 칠거지악'을 선정했다.

1. **스윙을 바꾸지 마라** 가장 나쁜 연습이다. 절대로 스윙을 바꾸지 마라. 스윙을 바꾸면 그 순간부터 당신은 망가진다. 스윙을 고쳐주겠다는 레슨코치를 만나거든 다시는 만나지 마라.

2. 긴 채를 오래도록 치지 마라   죽어라 드라이버만 연습하지 말란 얘기다. 7번 아이언만 연습해도 위아래로 다 맞는다.

   3. 아무 생각없이 연습하지 마라   필드에서는 아무 생각없이 쳐야 하지만 연습장에서는 끊임없이 생각하면서 쳐야 한다. 구체적인 연습 계획부터 한 샷 한 샷에도 생각을 해야 한다.

   4. 반듯하게 치지 마라   가장 어리석은 사람이 공을 반듯하게 치려고 노력한다. 자신의 구질을 받아들이고 이에 맞는 연습을 하라.

   5. 아이언샷 찍어 치지 마라   아마추어들은 쓸어 치는 게 낫다. 찍어 치는 거 신경쓰다가 아무것도 안 된다.

   6. 연습장에서 100% 샷을 하지 마라   연습장에서 100%를 쓰면 실전에서는 120%가 나온다. 힘이 들어간다는 얘기다. 연습장에서는 70~80%의 힘만 써라.

   7. 라운드 전날 몰아치지 마라   라운드 전날 잘 맞으면 차라리 '내일은 공이 잘 안맞겠구나' 하고 생각하라. 라운드 전날 연습장을 가면 어프로치샷만 연습하라.

5 쇼트게임에 비밀이 숨겨져 있다

연습장에 가면 어떤 것을 주로 연습하는가. 대부분 70~80%의 시간을 드라이버와 아이언 등 '롱게임'에 치중한다. 아마추어 골퍼들이 이 연습에 치중하는 것은 당연히 잘 안 맞기 때문일 것이다. 하지만 그 연습이 얼마나 도움이 될지는 생각을 해봐야 한다. 2002년 한국미드아마추어 챔피언인 탁동진 씨는 "아마추어 골퍼가 7번 아이언 보다 긴 아이언을 정교하게 친다는 것은 사실상 어려운 만큼 쇼트게임에 많이 투자해야 한다. 이를 위해 프로에게 어프로치샷 레슨을 받으라"라고 조언한다.

결국 실력 차이는 쇼트게임에서 드러난다. 가장 효율적인 연습은 쇼트게임을 많이 해보는 것이다. 1997년 한국미드아마추어 우승자이고 88CC 클럽챔피언을 세 차례 지낸 성낙기 씨는 "쇼트게임에 골프의 모든 것이 숨어 있다"라고 말하면서 '임팩트존 60cm'가 모든 것을 말해준다고 덧붙인다. 짧은 클럽으로 연습하면 감각이 생겨나고 쇼트게임에 집중하다 보면 이런 원리를 알게 되어 긴 클럽에도 그대로 적용할 수 있다고 한다. 드라이버샷의 런을 원하면 평상시보다 그립을 강하게 잡아주고, 띄워서 방향 위주로 치기를 원하면 볼 뒤에서 때려주면 되는 등 쇼트게임에 골프의 모든 것이 들어 있다고 강조한다.

쇼트게임만 70% 이상 한다는 것은 말처럼 쉬운 일이 아니다. 상당히 지루한 작업일 수 있다. 또 '이만하면 된 거 같다'는 생각이 쉽게 든다. 긴 클럽은 샷의 방향이 뚜렷해 미스샷이 났을 경우 금방 눈에 들어온다.

그래서 이를 잡기 위한 연습에 몰두하다 보면 '연습을 한 거 같은' 자신만의 카타르시스에 빠진다. 하지만 쇼트아이언은 부단한 반복 연습을 해야 하므로 고된 일이 될 수 있다. 10야드, 20야드, 30야드, 50야드, 70야드별로 거리를 정해 각각 자신 있게 칠 수 있을 정도로 실력을 닦아야 한다. 이런 연습이 뒷받침되지 않은 골퍼가 좋은 스코어를 기대한다는 것은 무리다. 김경석 양지파인CC 클럽챔피언은 "쇼트게임을 잘하기 위해서는 15, 20, 30야드 등 거리별로 자신만의 감각을 갖고 있어야 한다. 이 정도 스윙을 하면 25야드를 간다는 식의 느낌이 있도록 완전히 몸에 배게 만들어야 한다. 아무리 샷이 좋다고 해도 100% '레귤러온'을 할 수는 없다. 우드나 롱아이언을 잡을 경우 확률은 더 떨어진다. 이를 만회하기 위해 어프로치샷 연습을 많이 해야 한다. 연습장에 오자마자 드라이버를 빼들고 치는 사람이 많지만 아이언샷을 연습해두면 스윙이 비슷하기 때문에 드라이버도 잘 맞는다"라고 강조했다.

연습장에서 드라이버나 롱아이언을 잡고 연습장 망을 찢을 듯이 갖은 애를 쓰는 사람은 잘해야 보기플레이어 이상의 평범한 실력을 가진 골퍼다. 그러나 쇼트아이언을 들고 지루할 정도로 짧은 거리의 샷을 연습하는 사람은 분명히 80타대 이하를 치는 수준급 골퍼라고 보면 된다. 현대열 여주CC 클럽챔피언은 "작은 스윙이 제대로 돼야만 큰 스윙도 잘 된다. 초보자들은 큰 스윙보다는 어프로치샷이 큰 도움이 된다. 현재의 골프 레슨은 프로들을 길러내는 완벽한 이론이다. 이를 그대로 따르려 하면 오히려 역효과가 나서 스윙이 더 어려워진다"라고 조언했다.

6 연습장 코치도 캐디와 같은 도우미다

　그동안 우리들은 연습장에서 코치들의 레슨에 대해 크게 왈가왈부하지 않았다. 우리나라는 학교 선생님이나 교수님에 대한 권위에 도전해서는 안 된다는 유교적인 가르침 영향으로 연습장 레슨코치에게도 종종 '사부'의 예를 보이고는 한다. 하지만 연습장 레슨코치의 현실은 생각보다 심각하다. 자격이 없는 사람들이나 제대로 교육받지 못한 사람들이 가르치는 경우가 많다. 그런데 아무것도 모르는 아마추어 골퍼들은 이들의 가르침을 금과옥조처럼 여기면서 따라한다. 심지어 연습장에서 가르치는 코치를 '프로'라고 부르면서 각종 대회에 참여하는 '투어 선수'로 착각하기도 한다.

　일단 연습장에 있는 코치들은 프로라는 명칭을 붙이기가 좀 그렇다(사실 프로라는 명칭을 붙이는 것 자체가 잘못됐다. 미국에서 '타이거 우즈 프로'라고 부르는 사람이 있는가). 그냥 연습장에 있는 사람들은 코치 정도라고 생각하면 될 거 같다. 그리고 그들은 선생님이나 교수님이 아니다. 아마추어들의 실력에 도움을 주는 '도우미'라고 할 수 있다. 즉 아마추어들을 상대로 이렇게 하라고 시키는 사람이 아니라 아마추어들을 도와주기 위해 연습장에 상주하는 것이다. 이 책에 쓰여 있는 나의 표현을 연습장 코치들이 읽어보고 불쾌한 생각이 든다면 자신의 존재를 다시금 생각해보기 바란다. 연습장에 있는 코치는 '도우미'이다.

　이 말은 아마추어 골퍼들이 그들에게 '나'를 어떻게 도와달라고 적극적으로 말을 하라는 것이다. 즉 코치들이 시키는 대로 하는 것이 아니다. 불만이 있으면 과감하게 지적하고 마음에 들지 않으면 다른 코치로 바꿔달라고 요구해야 한다. 골프장에 가면 '캐디'라는 경기 도우미가 있듯이 연습장에는 '코치'라는 도우미가 있다. 종종 골프장에 있는 캐디들을 심부름하는 종업원 비슷하게 대하는 사람들이 있는데 아주 매너 없는 행동이다. 캐디는 그날 경기를 도와주는 '코치'다. 예의를 갖추고 서로 상의하면서 라운드를 해야 한다. 반대로 연습장에 있는 '코치'들에게는 너무 깍듯한 경향이 있다. 이들도 '도우미'다. 아마추어들이 이른바 '레슨프로'들에게 불만이 많은 이유는 선생님처럼 잘 가르쳐주지 않는다는 것이다. 하나부터 열까지 다 가르쳐주는 선생님이 코치가 아니다. 코치는 당신의 연습을 도와주는 도우미이므로 너무 의존하지 말고 연습하기 바란다. 실전에서는 '캐디'를, 연습장에서는 '코치'를 도우미로 잘 활용해야 한다.

생각만 바꿔도 스코어가 준다

1 체중 이동 많이 하지 마라

국내 시니어 프로골퍼 가운데 최강자로 통하는 최윤수 프로는 아마추어 골퍼들에게 "체중 이동을 많이 하지 말 것"을 주문한다. 체중 이동을 많이 하지 말라는 최 프로의 조언은 몸의 움직임이 유연하지 못한 아마추어 골퍼들에게 매우 의미심장한 화두다.

체중 이동을 해야 거리가 나고 제대로 된 스윙이 된다고 생각하는 골퍼들이라면 '체중 이동을 많이 하지 말라'는 말에 일단 의구심이 들 것이다. 체중 이동은 백스윙시 오른쪽으로 체중이 실렸다가 다시 왼쪽으로 옮겨지는 것이다. 그러나 정말 스윙이 그렇게 되는가 한 번 생각해보자. 찰나의 순간에 오른쪽으로 체중이 옮겨졌다가 왼쪽으로 이동할 수 있는가. 그건 불가능하다. 특히 나이 든 골퍼들이 그렇게 스윙을 한다는 것은 현실적으로 무리다. 최 프로는 체중 이동을 안 하는 대신 아예 왼쪽에 체중을 두고 스윙하라고 조언한다. 오른손잡이의 경우 왼발에 체중의 60% 정도를 두고 스윙을 하라는 얘기다. 특히 7번 아이언 이하의 짧은 클럽으로 스윙할 때는 반드시 이렇게 하라고 말했다.

스윙을 하다 보면 오른발 쪽에 스윙이 실리는 게 확실히 편하다. 백스윙도 잘되고 스윙의 스타트가 안정된 느낌을 준다. 그러나 그렇게 되면 임팩트 때 힘이 분산되는 단점이 발생한다. 그래서 오른쪽에 힘이 쏠리면 사실상 체중 이동을 하기가 어려워진다. 체중 이동을 덜하게 되면 거리 손실이 발생하지 않는지 최 프로에게 물었다. 그러나 최 프로는 그렇지 않다고 답했다. 그는 "체중 이동을 자제하면 스윙이 정확해지고 방향성이 좋아진다. 왼쪽에 체중을 실어놓고 스윙하면 스윙이 거의 흔들리지 않는다. 그러면 불완전한 체중 이동을 해서 스윙하는 것과 비교해서 거리 손실이 크게 나지 않는다"라고 주장했다. 최 프로는 심지어 스윙할 때 체중 이동을 하지 말고 거의 고정한 채로 친다는 생각으로 스윙을 하라는 말까지 했다.

체중 이동이 제대로 이뤄지려면 연습장처럼 지면이 평평해야 한다. 골프장처럼 다양한 라이가 존재하는 곳에서는 체중 이동 자체가 쉽지 않다. 그런 측면을 고려하면 최 프로의 말처럼 체중 이동을 거의 안 하고 치는 것이 훨씬 효율적일 수 있다. 다운힐이나 업힐 등 다양한 라이에서 체중은 왼쪽에 놓고 치는 편이 낫다. 경사진 곳에서 자칫 체중 이동이 이뤄지면 뒤땅치기나 토핑샷이 잘 나온다. 아마추어 골퍼들의 스윙은 아무래도 몸의 동작이 너무 많은 데서 문제가 발생한다는 점을 고려할 때 체중 이동을 미리 해놓은 상태에서 샷을 하는 것도 시도해봄직하다.

2 자신의 구질을 바꾸지 마라

골프를 하면 누구나 자신만의 구질을 갖게 된다. 아마추어 골퍼들은 대부분 슬라이스 구질이다. 슬라이스가 나는 요인이야 여러 가지이겠지만 스윙 스피드가 느리다거나 팔로만 스윙하기 때문일 것이다. 그런데 문제는 아마추어 골퍼들이 슬라이스 구질을 이상하게 싫어한다는 것이다. 아마추어들이 가장 좋아하는 구질은 반듯하게 똑바로 가는 스트레이트 구질이다. 빨랫줄처럼 쭉쭉 뻗어나가기를 소원한다. 거리를 내고 싶어 하는 골퍼는 훅 구질을 선호한다. 아무래도 런(run)이 발생할 소지가 많기 때문이다. 프로골퍼들 가운데 공을 스트레이트로 치는 사람은 별로 없다. 대부분 코스에 맞추거나 자신만의 구질을 활용해 슬라이스나 훅으로 친다.

왜 프로골퍼들이 스트레이트 구질을 치지 않을까. 그건 스트레이트 구질이 너무나 어렵기 때문이다. 자로 잰 듯이 똑바로 갈 수만 있다면 얼마나 좋겠는가. 그러나 결코 그럴 수 없다는 얘기다. 어쩌다 한두 번 스트레이트 구질이 나올 수야 있겠지만 이것은 스트레이트 구질을 구사하려고 한 것이 아니라 훅이나 슬라이스 구질로 치려다가 실수가 나서 반듯하게 날아가는 것일 뿐이다. 슬라이스 구질은 결코 문제가 있는 것이 아니다. 오히려 더욱 갈고 닦아야 할 좋은 구질이다. 구질에서 문제가 되는 것은 어떤 날은 훅 구질이, 어떤 날은 슬라이스 구질이 나오는 등 자신의 구질을 도통 알지 못할 때다. 이런 경우는 골프가 힘들 수밖에 없다. 지속적으로 한 구질만 나온다면 거리는 신경 쓰지 말고 오히려 자신 고유의 구질로 알고 여기에 맞는 코스 공략을 세워야 한다. 구질을 바꾸려는 것은 그리 추천하고 싶지 않다. 스윙을 바꾸지 말아야 하듯이 구질도 건드리지 않는 것이 좋다.

3 스윙은 '성형'의 대상이 아니다

'불량 레슨'은 아마추어 골퍼들이 모르는 사이에 여러 곳에 산재해 있다. 연습장에만 있는 것이 아니다. 대표적으로 골프채널이나 골프 잡지 등에도 올바르지 못한 레슨들을 쉽게 만날 수 있다. 주변에 아는 골프 선배나 동료들로부터 자신에게 맞지 않는 레슨을 접할 수도 있다. 골프를 배운 지 얼마 안 된 골퍼들의 경우 이 레슨이 나에게 맞는지 여부를 파악하기가 힘들다. 이 얘기도 맞는 것 같고, 저 얘기도 맞는 것 같다. 혼란스러움으로 인해 샷이 안 될 때도 있다. 가장 좋은 방법은 아예 듣지 않거나 남들로부터 듣는 조언을 최소화하는 것이다 가끔 고수들을 만나면 '한 수 가르쳐달라'고 말하는 아마추어 골퍼들이 많다. 물론 잘 치는 사람을 만나면 한 수 배워야 한다. 그러나 그때 백스윙이 어떻고, 손목 코킹이 어떻고, 왼쪽 다리가 버텨줘야 한다는 등 스윙에 변화를 초래할 수 있는 조언까지 청하는 것은 '자살 행위'다.

솔직히 스윙의 잘못은 누구보다 자신이 잘 알고 있다. 남에게 확인할 필요 없다. 그리고 그것은 절대로 고치려고 달려들어서는 안 된다. 당신의 잘못된 스윙은 '성형'의 대상이 아니다. 당신은 그 스윙을 안고 살아야 한다. 그것이 당신 골프의 운명이다. 운명을 바꾸려고 해서는 안 된다. 골프에서 쉽게 생각하는 부분이 스윙을 교정할 수 있다고 생각하는 것이다. 그건 착각이다. 아마추어가 스윙을 교정하려고 하는 것은 더 이상 골프를 치지 않겠다고 결심하는 것과 마찬가지다. 스윙 교정의 작업은 프로들에게나 주어진 일이다. 평생 골프로 먹고 살아야 하는 운명을 가진 선수들에게나 가능한 일이다. 필자는 프로들도 스윙 교정을 제대로 하기 힘들다고 말한 바 있다. 박세리, 박지은, 최경주, 데이비드 듀발 등 유명 프로들이 모두 스윙 교정을 시도하다 슬럼프에 빠지곤 했다. 스윙을 교정해서 성공했다는 얘기는 거의 대부분 거짓이다. 일단 자신의 골프 운명을 받아들이자. 내가 지금 보기플레이어의 실력인데 언젠가 '싱글'이 될 것이라는 생각은 환상에 불과하다. '싱글'이 될 수 있는 사람은 드라이버샷 거리가 평균 250야드가 넘는 사람만이 가능하다. 이 거리를 충족하지 못하는 골퍼는 미안한 얘기지만 싱글에 욕심내기보다 즐기는 골프에 집중해야 하겠다. 드라이버샷 거리가 짧은 사람 가운데 '싱글'을 치는 사람들이 어프로치샷과 퍼팅으로 '싱글'을 유지한다고 하는데, 그것은 매번 자신이 다니는 골프장에서나 가능한 얘기다. 코스가 바뀌면 순식간에 90타를 치게되는 그들은 '무늬만 싱글'이다. 그럼 현재 200야드 치는 사람이 언젠가 250야드를 칠 수 있을까? 그 또한 거의 불가능에 가까운 일이다.

우리는 이런 한계를 인정하고 골프에 임해야 한다. 그러면 연습 방법도 달라지고 골프에 대한 생각도 달라진다. 한계를 인정하지 못하면 즐거운 골프는 너무 먼 얘기가 되기 때문이다.

4 핸디캡 1번 홀을 존중하라

 골프장마다 가장 어려운 홀로 만들어놓은 '핸디캡 1번 홀'. 이 홀에서 당신은 어떤 마음가짐으로 공략을 하는가. 핸디캡 1번 홀의 경우 대부분 평균 거리가 길다. 파4홀의 경우 400야드를 넘기는 경우가 허다하다. 길지 않은 홀이 핸디캡 1번 홀이라면 홀 중간중간에 위험 요소들이 존재해 있기 마련이다. 한마디로 핸디캡 1번 홀은 파를 허용하지 않겠다는 의도로 만들어졌다는 얘기다. 이런 홀에서 아마추어 골퍼가 취해야 할 행동은 무엇일까. 핸디캡 1번 홀의 자존심을 존중해줘라. 이를 무시한 공격적인 공략은 득보다 실이 많다. 그런까지 200야드가 넘는 상황에서 무리한 '2온'을 시도하면 스코어는 걷잡을 수 없이 망가질 수 있다. 운 좋게 샷이 잘 맞아 기대 이상의 스코어를 얻었다고 해도 결코 당신에게 약이 되지 않는다. 핸디캡 1번 홀 같은 어려운 홀은 애초에 '보기 작전'으로 나가야 한다. 자신감을 잃으라는 얘기가 아니다. 무엇보다 안전하게 가라는 얘기다. 티샷이 실패하면 '더블보기'로 막겠다는 마음가짐까지 가져야 한다. 핸디캡 1번 홀은 티샷이 실패하면 대부분 200야드가 남는다. 이런 상황에서는 무조건 아이언으로 쳐서 '3온'을 최대 목표로 삼아야 한다. 어려운 홀을 무사히 보냈을 때 18홀 전체 스코어가 좋아진다.

 상당수 골퍼들이 핸디캡 1번 홀에서 파 또는 버디를 잡으면 다른 홀보다 더 짜릿한 쾌감을 느낀다. 그러나 그와 같은 짜릿함을 맛보고자 하는 태도는 반대로 독이 될 수 있다. 핸디캡 1번 홀에서 파나 버디를 잡은 경우 다른 홀들은 더 쉬울 것이라는 착각을 갖게 되거나 어려운 홀에서 파를 잡았다고 좋아하다가 쉬운 홀에서 보기 이상을 기록하면 실망감이 더욱 커진다. 핸디캡 1번 홀의 자존심을 짓밟으려고 의도하면 그 홀은 당신의 스코어를 망가뜨릴 것이다.

5 아마추어를 위한 코스 공략

당신에게 가장 쉬운 홀은 어떤 홀인가. 골프장 스코어카드를 보면 18개 홀별로 핸디캡이 매겨져 있다. 가장 어려운 홀은 핸디캡 1번 홀이다. 골프장들은 주로 긴 홀을 핸디캡 1번 홀로 지정해놓고 있다. 그래서인지 아마추어 골퍼들은 긴 홀을 가장 어렵게 생각한다. 물론 긴 홀이 쉬운 것은 아니다. 400야드가 넘는 파4홀의 경우 '2온'이 쉽지 않기 때문에 좋은 스코어를 내기 어려운 것이 사실이다.

그렇다면 300야드 안팎의 홀은 쉬운가. 비교적 거리가 짧은 홀은 아마추어 골퍼들이 쉽다고 생각하지만 꼭 그렇지도 않다. 이런 홀은 그린 주변에 벙커가 많거나 위험 요소들이 도사리는 경우가 많다. 게다가 짧은 홀은 아마추어 골퍼들에게 욕심을 불러일으킨다. 욕심은 라운드에서 매우 좋지 않은 영향을 미칠 가능성이 높다. 티샷을 치고 난 뒤 100야드 안팎에서 어프로치샷을 할 경우 자신도 모르게 버디 욕심을 내는 경향이 강해진다. 이는 예상치 못한 스코어 몰락을 가져올 수 있고 심리적으로도 크게 흔들리게 한다.

아마추어 골퍼들에게는 차라리 400야드가 넘는 긴 홀이 쉬운 홀이 될 수 있다. 아예 '2온'이 안 된다고 마음을 결정한 상태에서 '3온' 작전으로 임하면 무리한 공격으로 위험에 빠질 우려를 낮출 수 있기 때문이다. 보기를 해도 괜찮다는 여유가 욕심을 버리게 해 무리한 공격을 피할 수 있다. 긴 홀을 만나면 어렵다고만 생각하지 말고 오히려 공략하기에 따라서는 더 안정적인 스코어를 낼 수 있다고 생각하라. '3온' 작전은 철저하게 위험 지역을 피할 때 효과를 발휘한다. 속으로는 '3온' 작전을 한다고 하면서 '2온'을 시도해서 그린에 못 올라가면 그린 옆에서 '3온' 작전을 구사하는 것이 아니라, 처음부터 철저히 위험 지역을 피해 세 번에 걸쳐 그린에 도달하겠다는 계획을 갖고 공략하는 것이다.

아마추어 골퍼는 370야드가 넘는 파4홀에서 안전한 '3온' 작전이 훨씬 효과적이다. 한 번 마음을 비우고 시도해보길 권한다. 400야드 넘는 긴 홀을 만나면 오히려 마음이 편해지고 쉽게 다가온다. 아무린 긴 파4홀도 '3온'으로 올라가지 못하는 홀은 없다.

6 라운드 도중 스코어 관리

먼저 100타를 깨보고 싶으면 모든 홀에서 보기만 하겠다는 마음가짐으로 임해보자. 무리하게 파를 하려는 생각을 버리고 모든 홀에서 '보기 작전'으로만 나가면 쉽게 100타를 깰 수 있다. 90타대를 돌파하고 싶으면 6개 홀마다 파를 하나씩만 잡겠다는 생각을 가져보라. 90타대를 치는 골퍼가 매홀 파를 하겠다는 생각은 무리다. 6개 홀마다 한 개씩의 파를 건지고 나머지는 보기만 하겠다고 생각하면 80타대 스코어가 나온다. 80타대를 깨고 싶은 사람은 3개 홀에 보기 1개씩을 거두면 된다. 보기를 했다고 해서 만회하려고 욕심을 내면 무너지게 된다. 3개 홀마다 보기 1개씩 하면 스스로에게 잘했다고 격려해야 한다. 이와 같은 방법으로 언더파를 기록하려면 6개 홀당 버디 1개를 잡으면 된다. 이런 접근 방법은 골퍼로 하여금 좀 더 섬세한 계획을 짜서 라운드를 임하게 만드는 장점이 있다.

마인드 컨트롤은 코스 매니지먼트에도 큰 영향을 미친다. 우선 티잉그라운드를 생각해보자. 어느 홀이든 왼쪽이나 오른쪽에는 위험 요소가 도사리고 있다. 아무 생각 없이 티업을 하고 볼을 치기보다는 좀 더 코스를 넓게 사용하는 방법을 알아두면 위험에 빠질 확률이 줄어든다. 예를 들어 왼쪽이 OB지역일 경우 티잉그라운드 왼쪽에서 치게 되면 페어웨이를 훨씬 더 넓게 활용하게 된다. 슬라이스 구질일 경우 오른쪽으로 많이 휘더라도 페어웨이에서 크게 벗어나지 않을 수 있다. 또 아무래도 왼쪽에 붙게 되면 심리적으로 왼쪽보다는 오른쪽으로 볼을 치게 된다. 반대로 오른쪽이 OB지역이면 오른쪽에서 치면 좋다. 쉽게 생각해서 위험 요소가 있는 쪽에서 티업을 하고 코스를 공략하면 효율적이다.

필드에서는 미스샷도 감안하고 샷을 해야 한다. 100% 완벽한 샷이 계속된다는 것은 불가능하다. 프로들도 아이언샷의 그린 적중률이 60% 안팎이다. 그럴진대 아마추어 골퍼는 미스샷의 연속이라고 해도 과언이 아닐 것이다. 그러므로 샷을 할 때는 항상 미스샷이 나는 상황을 염두에 두는 것이 코스 공략의 한 가지 기술이다. 우선 자신이 공략하고픈 곳으로 볼이 똑바로 날아갔을 때를 가정하고, 다음으로 미스샷이 나면 볼이 어느 지점에 떨어질 수 있겠는가를 생각한다. 이를 위해 평소에 자신이 어떤 실수를 하는지 생각해볼 필요가 있다. 샷마다 실수를 계산하고 친다면 위험에 빠질 확률을 줄여주고 스코어 향상에도 큰 도움이 될 것이다. 골프는 100% 퍼펙트한 샷이 나왔다고 해서 스코어가 좋은 게 아니다. 기가 막히게 맞았는데 바람이 불어 예상보다 거리가 더 나와 그린을 오버할 수도 있고 짧을 수도 있다. 또 쇼트게임이 안 돼 스코어가 좋지 않게 나올 수도 있다. 매사에 욕심을 버리고 위험 지역을 피해가는 지능적인 골프를 하는 게 바람직하다.

또 자신이 가장 좋아하는 거리를 갖고 있어야 한다. 어떤 클럽을 잡으면 샷이 잘되고 핀에 잘 붙는지 파악해서 잘 활용해야 한다. 이는 위기 상황에서 탈출하는 계기를 만들어줄 수 있다. 아마추어들이 스코어 기복이 심한 가장 큰 이유는 잘 쳐야 보기인 상황에서 파를 잡으려고 욕심을 내기 때문이다. 볼이 러프로 가면 반드시 페어웨이로 꺼낸 뒤 다음 샷을 해야 하는데 무조건 그린을 향해 치려고만 한다. 그러다가 무너지게 마련이다. 열 번 가운데 한두 번의 성공 확률에 그치는 경우를 믿고 무리하면 안 된다. 과감히 포기할 줄 알아야 한다. 어프로치샷을 할 때도 볼을 바로 세울 수 있다고 과신하는 경향이 강하다. 프로들도 그린에 바로 볼을 세우려 하지 않는다. 항상 런을 생각하고 어프로치샷을 하는 것이다. 그런데 아마추어들은 핀을 보고 바로 공략하는 경우가 많다. 그래서 홀에서 멀리 지나치게 되고 3퍼트로 이어지게 된다.

7 스코어 몰락을 막으려면

골프에서 실수는 반복적이다. 뻔히 알면서도 되풀이하는 것이 대부분이다. 반복적인 실수를 줄이기 위한 방법을 찾아볼 필요가 있다. 가장 먼저 생각해볼 문제는 실수 뒤 연이은 실수를 막는 것이다. 아마추어들은 한 번 실수하면 걷잡을 수 없이 무너진다. 한 타를 줄이기 위해 온갖 노력을 기울이다가 한순간 5~6타를 한꺼번에 잃고 만다. 왜 이런 일이 벌어질까. 실수를 하고 나면 항상 드는 생각은 이 상황을 빨리 벗어나자는 것이다. 그 속에는 원상태로 돌려놓고 싶은 욕구가 강하게 작용한다. 그래서 티샷의 거리가 좀 짧으면 긴 클럽으로 만회하려고 덤빈다. 연이은 실수를 방지하는 방법은 실수를 인정하고 다음 샷을 차분히 준비하는 것이다. 이 원칙만 지켜도 스코어 몰락은 막을 수 있다.

아마추어 골퍼에게도 프로들처럼 전담 캐디가 있다면 지금보다 최소한 10타 이상은 줄일 수 있을 것이다. 왜냐하면 캐디가 골퍼에게 해주는 조언은 단순한 거리 계산뿐 아니라 스윙을 자제하게 하고 마음을 다스릴 수 있도록 옆에서 도움을 주기 때문이다. 하지만 아마추어 골퍼들은 그런 제어 장치가 사실상 없다. 골프장에서 만나는 캐디에게서 거리 측정과 클럽 전달 이상의 역할을 기대하기란 힘들다. 동반자들은 당신의 망가짐을 안타까워할지 모르지만 역시 결정적인 도움을 주는 데 주저한다. 자신의 플레이에 급급한 아마추어 골퍼가 즉흥적인 조언을 하는 것도 그리 바람직하지 못하다.

실수를 한 번 하고 나면 그 실수를 인정하고 최소한 1~2타를 더 친다고 받아들여야 한다. 파4홀은 파5홀로 생각하고 파5홀은 파6홀로 생각해야 한다. 이 원칙만 준수해도 급격한 몰락을 방지할 수 있다. 너무나 쉬워 보이지만 이를 실천하는 것이 중요하다. 실수를 인정하고 플레이해야 스코어 몰락의 길목에서 벗어날 수 있다.

8 스코어 카드를 재작성하라

라운드를 앞두고 스코어 향상에 도움이 될 만한 일로 무엇을 할 수 있을까. 미리 도착해 몸을 풀거나 연습 그린에서 퍼팅하는 방법을 떠올릴 수 있다. 또는 전날 골프장 홈페이지에서 검색한 코스 공략 기법을 숙지하거나 이를 보면서 연습장에서 가상의 라운드를 시뮬레이션해볼 수도 있다.

여기에 덧붙여 누구나 시도할 수 있는 가장 효과적인 방법을 추천한다. 스코어카드를 재작성해보기 바란다. 골프장의 기준 타수는 모두 72로 만들어져 있다. 파4홀 10개, 파3홀과 파5홀이 각각 4개다. 이를 당신의 핸디캡에 맞춰 어떤 파4홀은 파 5, 어떤 파5홀은 파7, 파3홀은 파4홀 등으로 변경해보라는 뜻이다.

또 400야드가 넘는 파4홀의 경우 모두 파5홀로 변경해 놓자. 특히 200야드에 육박하는 파3홀은 파4홀로 적는다. 보통 400야드가 넘는 긴 파4홀이나 200야드에 달하는 파3홀에서 아마추어 골퍼가 '파'를 기록하기란 여간 어려운 것이 아니다. 보기만 해도 성공이라고 할 수 있다. 또 어떤 홀은 더블보기만 해도 만족스러운 홀도 있다. 이런 식으로 프로들의 기준에 맞춘 타수를 아마추어, 바로 당신을 위한 기준 타수로 재작성하면 대부분 90타 안팎의 스코어카드를 만들 수 있다. 혹시 날씨가 좋지 않을 땐 4~5타 더 나오도록 조정해야 한다.

단순히 이 작업만 해도 당신의 코스 공략이 달라지고 심리적으로도 큰 도움을 받을 수 있다. 기존 파4홀을 파5홀로 변경하면 티샷과 세컨드 샷이 만족스럽지 못해도 아직도 기회가 있다고 생각하게 된다. 어떤 홀은 더블보기를 했는데도 파를 잡은 것처럼 성취감을 갖게 된다. 특히 파4홀은 무조건 '2온'을 해야 한다는 강박관념에서도 벗어날 수 있다. 긴 파4홀을 파5홀로 생각하고 공략하면 무리한 '2온'보다 그린 주변의 안전한 곳으로 공을 보낸 다음 세 번째 샷으로 그린을 공략하게 된다. 바뀐 스코어카드에 예전에는 보기로 표기하던 것도 파로 동그라미를 그려놓자. 그러면 거의 모든 홀에서 파를 기록하는 자신을 발견하게 될 것이다.

원래 파4홀이지만 파5홀로 변경한 홀에서 4타 만에 홀아웃을 하면 버디처럼 '-1'로 적는다. 한 타를 번 듯한 느낌이 들 것이다. 매 홀 더블보기로 표기되던 스코어카드에 보기만 적혀 있어도 심리적으로 당신의 골프가 안정되고 있다는 기분도 들게 된다. 라운드 전에 자신만의 스코어카드를 만들어 라운드해보기 바란다. 당신의 스코어는 당신이 정한 기준 타수에 따라 정해진다. 기준 타수 이하를 기록하면 당신도 프로들처럼 언더파를 친 것이다. 90타가 기준타수였는데 88타를 쳤다면 당신은 2언더파를 친 셈이다.

9 실전에서 바로 활용 가능한 팁

예전에 인터뷰를 위해 만만 김종덕 프로에게 아마추어 골퍼들을 위한 조언과 노하우 전수를 부탁했다. 그때의 내용을 함께 음미해보자.

(1) 연습할 때 다양한 상황을 가상해보라

필드에서는 짧은 거리의 어프로치샷을 포함해 라이에 따라 다양한 종류의 스윙을 해보자. 예를 들어 오르막이나 내리막 등 경사지에서는 제 거리보다 한 단계 긴 클럽을 잡고 스리쿼터 스윙을 해주는 것들이 포함되겠다. 정면에 나무 등 장애물이 있어 이를 피해가기 위해 저탄도로 볼을 빼내야 할 때도 있다. 낮게 가는 볼을 치기 위해서는 볼을 오른발 쪽에 놓고 역시 스리쿼터로 스윙하는 것이 좋다. 또 나무 바로 뒤에 볼이 멈춰 왼손으로 볼을 쳐내야 하는 등 특수한 사정도 상정해볼 수 있다. 이처럼 필드에서는 다양한 스윙이 쓰이기 때문에 평소에 충분히 연습해둬야 한다.

이 같은 경우를 위해 많은 시간을 할애할 수는 없지만 예기치 못한 상황에 맞닥뜨렸을 때 이를 원용할 수 있는 샷을 염두에 두고 연습하는 것이 필요하다. 문제가 생겼을 때 '나는 이 같은 경우에 대비해 연습해보았다' 하는 심리적인 안정감은 위기 탈출을 용이하게 한다. 또 연습장에서는 반듯한 매트 위에서 볼을 치기 때문에 방향 설정을 따로 할 필요 없이 샷을 하게 되는 단점이 있다. 이에 따라 연습장을 좀 더 효율적으로 활용하려면 방향을 바꾸어가면서 쳐보는 것이 바람직하다. 어프로치샷의 경우 목표를 하나만 설정해놓고 치기보다 이리저리 목표를 바꾸어가면서 방향을 제대로 잡고 치는지 점검해보는 것도 바람직하다. 연습할 때도 샷 하나하나를 신중하게 처리하려는 노력이 뒤따라야 한다.

(2) 얼라인먼트 때 'ㄱ'자를 만들어라

아마추어들이 흔히 실수하는 것이 방향 설정이다. 어떻게 방향을 설정해야 하는가. 먼저 목표와 클럽의 얼라인먼트부터 생각해보자.

클럽 페이스와 목표가 마주보도록 똑바로 맞춘다. 이때 멀리 있는 목표에 맞추려 하지 말고 볼보다 1~2m 앞에 있는 목표 라인상의 풀이나 디보트홀 등 '중간 목표물'을 정하고 거기에다 클럽페이스를 일치시킨다. 그것이 더 쉽고 정확하게 방향을 잡는 요령이다. 이때 클럽은 오른손으로만 쥐고 방향을 잡는다. 다음으로 오른발을 볼과 일직선 위에 놓는다. 이 같은 순서로 얼라인먼트를 하는 이유는 목표물과 자신이 'ㄱ'자를 이루기 위해서다. 목표물과 클럽헤드, 오른발을 이은 선이 'ㄱ'자가 되었을 때 방향 설정이 가장 올바르게 된 것이다. 이 순서를 지킨 뒤 왼발이 어드레스 위치로 가고 이어 볼 뒤에 있던 오른발을 오른쪽으로 움직여 어드레스 자세를 완성하게 된다. 이때 시선은 목표를 응시한다. 이런 순서를 반복적으로 연습해 기계적으로 적용할 정도로 몸에 배도록 해야 한다. 목표물을 정확히 겨냥하는 습관을 평소부터 길러둬야 하겠다.

(3) 템포를 잃으면 느린 노래를 흥얼거려라

아마추어 골퍼들이 실수하는 가장 많은 이유는 자신만의 템포를 유지하지 못한다는 것이다. 아마추어들은 지나치게 결과 지향적이다. 볼을 치기도 전에 미리 목표를 바라본다. 스윙이 빨라지는 것도 이런 이유에서 기인한다. 연습장에서는 반복 스윙을 하다 보니 템포를 맞추기가 쉽다. 그러나 필드에 서면 마음만 앞서 템포를 잃어버린다. 필드에서는 평소보다 한 템포 늦춘다는 생각으로 스윙하는 것이 바람직하다. 자신의 템포를 지킬 수만 있다면 골프의 많은 부분이 해결된다.

그러면 어떤 방법으로 템포를 유지할 것인가. 우선, 긴 클럽을 더욱 부드럽게 스윙하라. 아마추어 골퍼들은 클럽만 들면 세게 휘두르게 된다. 그러다 보니 거리가 일정하지 않고 방향성도 엉망이다. 긴 클럽을 잡으면 무조건 멀리 쳐야 한다는 생각이 앞서기 때문에 힘이 들어간다. 긴 클럽은 힘을 빼고 천천히 여유 있게 스윙해야 한다. 힘을 주어 치면 볼을 정확히 맞추기 힘들고 그러다 보면 거리도 줄어든다. 다음으로 백스윙 스타트를 천천히 한다. 백스윙의 시작인 테이크어웨이를 천천히 해야 한다. 테이크어웨이가 지나치게 빠르면 다리가 흔들리고 몸도 뒤로 젖혀지면서 템포가 무너진다. 백스윙 시작은 최대한 부드럽게 하는 것이 좋다. 백스윙 톱에서 다운스윙으로 전환되는 순간에도 갑자기 빨라지지 않아야 한다. 마지막으로 스윙템포가 빨라지면 스윙을 느리게 하라. 자신도 모르게 스윙이 빨라지는 경우가 있다. 이럴 때는 모든 행동을 느리게 하면 도움이 된다. 페어웨이를 지날 때도 천천히 걷고 마음속으로 느린 노래를 흥얼거려보자. 물론 뒤 팀에 방해되지 않는 한도 안에서다. 스윙이 빠른 사람과 라운드할 때는 그 사람의 스윙을 아예 외면하는 것도 방법이다.

(4) 티샷이 남보다 멀리 나갔을 땐 천천히 걸어라

　프로든 아마추어든 간에 모두 자신만의 리듬이 있다. 무조건 천천히 하거나 빨리 한다고 해서 되는 것이 아니다. 연습할 때나 코스에서나 항상 자신만의 리듬을 생각하는 습관을 길러야 한다. 골프장에 급히 도착해 몸을 풀 여유가 없을 때는 클럽 두 개를 들고 천천히 연습 스윙을 하면 리듬을 찾는 데 도움이 된다.

　아마추어들은 스윙이 빠른 게 문제다. 클럽을 두 개 들고 연습하면 아무리 빠르게 하려고 해도 무거워서 빠른 스윙이 불가능하다. 한 번 해볼 가치가 있다. 라운드 도중 걸어가면서도 리듬을 지키는 데 신경 써야 한다. 평소 샷이 잘될 때 자신의 걸음걸이를 유심히 기억해두라. 그러면 샷이 좋지 않을 때 마음이 급해져 걸음도 빨라지는 것을 느낄 것이다. 특히 버디나 파를 해야 할 때 리듬을 유지하겠다는 마음가짐을 가져라. 자신의 티샷이 동반자들보다 멀리 갔을 때 미리 가서 기다리지 말라. 그러면 미스샷 나올 확률이 많다. 이때는 천천히 걸어야 한다. 앞 팀이 보일 때는 더욱 천천히 걷도록 한다. 그리고 세컨드샷은 어디로 보내야 할지 정확하게 머릿속에 그린 뒤 확신을 갖고 쳐라. 이때 어드레스 후 5초 내에 바로 쳐야 한다. 오래 잡고 있으면 근육이 굳어지고 잡념이 생겨 미스샷 가능성이 높아진다.

10 실수의 반복을 막는 오토매틱 시스템

약을 먹을 때 하루에 한 번만 먹도록 하는 게 좋다고 한다. 왜냐하면 한 번 이상 먹으라고 처방하면 잊을 기회를 더 주기 때문이다. 하루에 한 번이 아니라 이틀에 한 번꼴로 먹으라고 지시하면 이것도 잊기 쉽다. 모임 약속을 정할 때도 주 1회 같은 날 해야 잊지 않는다. 무엇을 하든 본능적으로 쉽게 받아들일 수 있도록 해야 한다. 그래야 우리의 '자동 시스템'이 즉각 반응할 수 있다. 아침에 일어나면 약을 먹도록 하는 습관을 들이면 그때부터 '오토매틱 시스템'이 컨트롤하기 시작한다.

실수를 하면 무조건 욕심내지 않도록 자신만의 오토매틱 시스템을 갖는 것이 연습보다 더 중요하다. 스스로 생각하기에도 너무나 어이없는 실수가 재발하는 것을 보면, 골프는 연습이나 레슨을 받아 타수를 줄이는 것보다 매번 반복하는 실수를 줄이는 것이 더 효과적이라는 말에 수긍하게 된다. 새로운 것을 습득하고 이를 익혀 자신의 것으로 만드는 과정은 생각처럼 쉽지 않다. 골프는 기존에 있는 것조차 제대로 활용하지 못하는 경우가 많다. 잦은 실수로 화를 치밀어 오르게 것들을 다시 반복하지 않기 위해서는 새로움을 쫓기보다 기존의 것을 더욱 자신의 것으로 만들어야 한다. 이를 위해서는 자신의 골프를 최대한 '오토매틱 시스템'으로 만들어야 한다. 즉 퍼팅그린에 올라가면 자동적으로 '첫 퍼팅을 길게 하자'라고 생각하는 것이다. 그린라인의 생김새는 그 다음에 생각한다. 사실 그린라인은 어느 정도 육안으로 확인이 가능하다. 10m가량 떨어진 곳에서는 라인보다 짧게 치지 않는 데 모든 것을 집중해야 한다.

　가장 먼저 생각해볼 문제는 실수 뒤 찾아오는 연이은 실수를 막는 것이다. 한 타를 줄이기 위해 온갖 노력을 기울이다가 한순간 5~6타를 한꺼번에 잃고 만다. 실수를 하고 나면 항상 드는 생각은 '이 상황을 빨리 벗어나자'라는 것이다. 그 속에는 원상태로 돌려놓고 싶은 욕구가 강하게 작용한다. 그래서 티샷의 거리가 좀 짧으면 긴 클럽으로 이를 만회하려고 든다. 연이은 실수를 방지하는 방법은 실수를 인정하고 다음 샷을 하는 것이다. 이 원칙만 지켜도 스코어 몰락은 막을 수 있다. 한 번 실수하고 나면 그 실수를 인정하고 최소한 1~2타를 더 치겠다고 생각해야 한다. 파4홀은 파5홀로 생각하고 파5홀은 파6홀로 생각해야 한다. 너무나 쉬워 보이지만 이를 실천하는 것이 중요하다. 실수를 인정하고 플레이해야 한다. 말만으로는 안 되기 때문에 '오토매틱 시스템'으로 만들어야 한다. 그래서 티샷을 잘못 치면 무조건 7번 아이언을 택하도록 자동화해야 한다. 미스만 나면 무조건 7번 아이언을 잡는다는 식으로 말이다.

11 당신의 그린 공략은 문제가 없는가

　410야드짜리 파4홀이다. 난이도로 치면 핸디캡 2번 홀이다. 티샷이 미스가 나면 '2온'은 사실상 힘든 홀이다. 이런 홀에서 티샷이 잘못되면 당신은 어떤 선택을 하는가. 400야드가 넘는 홀에서 티샷이 미스한다면 홀까지 남은 거리는 200야드가 넘게 마련이다. 즉 세컨드샷으로 그린을 공략한다는 것은 거의 불가능하다는 얘기다.

아마 초보자들은 단순하게 페어웨이우드를 꺼내들고 달려들 것이다. 공이 놓인 라이는 별로 관심이 없다. 오로지 앞으로 전진만을 생각하며 남은 거리에 가장 근접한 클럽을 빼든다. 보기플레이어 정도 실력의 골퍼들은 이런 상황에서 우드로 쳐봐야 좋은 결과가 나오지 않는다는 것을 안다. 그래서 아이언을 빼드는데 대부분 4번이나 5번 아이언을 빼든다. 조금이라도 그린 근처로 가고 싶은 욕구 탓이다. 80타대 골퍼들은 공이 놓인 라이에 따라 클럽을 선택한다. 러프라도 라이가 좋으면 우드로 공략한다. 라이가 나쁘면 7번 아이언으로 레이업(안전한 곳으로 공을 빼내는 것)한 뒤 다음 샷을 노린다.

위의 이야기는 골퍼들이 경험을 쌓을수록 클럽 선택하는 모습이 변화한다는 것을 보여준다. 그런데 중요한 것은 그런 선택이 좋은 결과를 낳느냐는 점이다. 보기플레이어들이 우드 대신 롱아이언을 택하지만 우드나 롱아이언이나 안 맞기는 마찬가지다. 80타대 골퍼들이 라이가 좋다고 우드를 택하는 것도 사실 좋은 선택은 아니다. 아무리 잘 맞아도 그린에 올라가지 못하기 때문이다. 거리 확보에 대한 미련은 아마추어 골퍼들의 클럽 선택에서 잦은 실수를 반복하게 한다. 그린 근처로 가면 스코어가 좋아지리라는 생각은 쇼트게임에 어느 정도 자신이 있어야만 가능하다. 그러나 무조건 그린 근처로 공을 보내려는 골퍼들은 쇼트게임에 별로 관심을 두지 않는 경우가 많다.

당신이 산정하는 클럽 선택의 거리는 어떻게 구성돼 있는가. 200야드가 넘어도 한 번에 그린에 올리려고 하지는 않는가. 아니면 180야드 정도까지는 한 번에 '온 그린'을 노리는가. 지금부터 라운드를 한다면 당신의 그린 적중률을 한 번 계산해보라. 그리고 최소한 50% 이상의 성공 확률이 높은 거리가 어느 정도인지 파악해보라. 170야드 정도만 돼도 그린 적중률은 50%를 넘지 못할 것이다. 그렇다면 당신의 그린 공략은 다시 한 번 생각해야 한다. 그린까지 150야드가 넘는다면 무리한 '2온'보다 어프로치샷을 하기 좋은 곳으로 공을 보내는 방법을 생각해야 한다.

12 즉석에서 타수를 줄여주는 레슨

골프는 알아두기만 하면 바로 타수를 줄일 수 있는 것들이 있다. 1타 줄이는 것이 쉽지 않은 상황에서 이런 '금과옥조' 같은 방법은 항상 기억해두고 버릇처럼 만들어야 한다. 백스윙을 어떻게 하고 임팩트를 이렇게 하고 피니시를 저렇게 하라는 식의 스윙 이론을 머리에 담기보다는 실전에서 도움이 되는 내용을 잘 기억해둬야 한다. 골프장에서는 이런저런 생각이 많은 것은 좋지 않다. 그래도 잊지 말아야 할 것이 있어야 한다. 스윙에 대한 잡념은 없애더라도 기억 속에서 절대로 지우지 말아야 하는 것들을 살펴보자.

「오른쪽 어깨로 목표물을 겨냥하라」 라운드할 때 목표물 겨냥을 쉽게 간과해서는 안 된다. 아무리 스윙이 좋아도 '에이밍(aiming)'을 제대

로 못 하면 결과는 좋을 수가 없다. 아마추어들은 목표 지점을 향해 바로 섰다고 생각하지만 대부분 목표 지점의 우측을 겨냥하는 경우가 많다. 그래서 볼이 자주 오른쪽으로 향한다.

이는 왼쪽 어깨로 목표물을 겨냥해서 그렇다. 왼쪽 어깨로 목표 지점을 맞추면 자신도 모르게 오른쪽을 보고 서게 된다. 오른쪽 어깨로 목표 지점을 맞추면 스탠스 정렬이 바르게 되어 자동적으로 '오픈스탠스'를 하게 된다.

「볼 1~2m 앞에 중간 목표물을 정하라」 가장 쉬우면서도 잘 지키지 않는 것이다. 멀리 있는 목표 지점을 정한 뒤 스탠스를 취하면 자신도 모르게 방향이 틀어질 수 있다. 이를 대비해 볼 앞에 중간 목표물을 정해둔다. 지푸라기나 나뭇조각 등 아주 작은 것을 정해두고 스탠스를 취하면 방향 설정이 제대로 된다. 습관처럼 이를 반복해야 한다.

「페어웨이가 모두 안전한 곳은 아니다」 국내 골프장은 OB가 자주 난다. OB는 스코어에 치명적이다. 따라서 처음부터 철저하게 OB를 내지 않는 전략이 필요하다. 티잉그라운드에 들어서면 무조건 페어웨이에 볼을 보내겠다는 생각보다는 위험 지역을 피하는 데 집중해야 한다. 가장 안전한 곳은 페어웨이가 아니라 '가장 넓은 지역'이다.

「티샷을 미스하면 '레귤러온'을 포기하라」 파4홀에서 드라이버샷이 미스가 났을 때 절대 '2온'을 노리지 말라. 드라이버샷 미스를 인정하고 서드샷하기에 좋은 곳으로 세컨드샷을 보내야 한다. 그 뒤 '3온'

을 잘하면 파가 되고, 못해도 2퍼트해 보기를 하면 된다. 이 점만 잘 기억해도 스코어는 현저히 줄어든다. 티샷을 잘못 쳤다면 이를 인정해야 한다. 자신의 잘못을 덮고 이를 만회하려는 순간 골프는 꼬이기 시작한다. 한 번의 실수에 대한 대가는 스스로가 반드시 치르겠다는 마음을 가져야 한다.

「 성공확률 90% 안 되면 '레이업'하라 」 코스 공략에서 가장 중요한 것은 '욕심을 버리는 것' 이다. 티샷은 안전한 곳으로, 다음 샷을 하기 편한 곳으로 보내는 것에 집중해야 한다. 공이 트러블 지역에 있을 때 성공 확률이 10%도 안 된다면 무조건 위험 지역을 일단 탈출하는 데 초점을 맞춰야 한다. 사실상 내가 이 샷을 하는 데 아무런 의문이나 망설임이 없다면 그 샷을 해야 한다. 그러나 '여기에서 빠져나갈 수 있을까, 잘못하면 큰일인데' 등의 부정적인 생각이 든다면 절대로 모험을 감행해서는 안 된다.

「 자신만의 '프리샷루틴'을 만들어라 」 실수를 줄이는 최선의 방법은 좋은 샷을 계속해서 반복적으로 하는 것이다. 프로들은 이를 위해 엄청난 연습량을 소화한다. 특히 이 과정에서 항상 똑같은 동작이 나올 수 있도록 한다. 샷 전에 실시하는 동작을 '프리샷루틴' 이라고 말한다. 골프를 잘 치려면 자신만의 '프리샷루틴' 을 갖고 있어야 한다. 골프는 장타를 치는 게임이 아니라 같은 클럽으로 매번 일정한 거리를 내는 게임이다. 이를 위해 의도적으로 샷 전에 동작을 똑같게 하는 것이 필요하다. 의식적으로 샷을 하기 전 행동을 일치시키면 자신을 효율적으로 다스릴 수 있다는 얘기다.

13 골프 실력 성장에도 단계가 있다

10여 년 전 대전에서 박세리 프로를 만나 인터뷰한 적이 있었다. 이런 저런 대화를 하던 중 그가 이런 말을 했다. "중학교 2학년 때 80타대 초반에서 70타대로 진입하는 데 상당히 고생을 했어요. 라운드하고 나면 항상 80, 81, 82타를 기록하는 거예요. 샷도 괜찮고 모든 것을 원만하게 한 거 같은데…1타만 줄이면 70타대 스코어를 기록할 수 있지만 그게 안 됐어요." 박세리 같이 골프에 타고난 선수도 70타대로 내려오는 데 무척 애를 먹었다는 것이다.

필자는 박세리와 골프 실력의 단계별 성장 과정에 대해 많은 얘기를 나눴다. 박세리는 100타를 넘게 치는 사람이 100타를 깨려면 우선 드라이버를 포함한 우드샷이 정확해져야 한다고 지적했다. 거리가 나지 않더라도 페어웨이에 볼을 떨어뜨리는 실력을 갖추어야 한다는 것이다. 즉 드라이버샷만 안정돼도 100타를 깰 수 있다. 이에 따라 초보자들은 드라이버샷에 집중할 필요가 있다. 드라이버샷을 안정시켜야만 골프 실력이 성장할 수 있다. 그러면 90타대가 되면 무엇이 안 되는가. 박세리는 "90타대에 진입하면 아이언샷이 뜻대로 되지 않는다는 것을 느끼게 됩니다. 거리도 자꾸 틀리고 상황에 따른 컨트롤이 잘 되지 않지요"라고 말했다. 혹시 자신의 아이언이 잘 맞지 않는다면 본인의 실력은 90

타대라고 보면 된다. 어쩌다 80타대 스코어를 기록하기도 하겠지만 전반적으로 90타대 스코어가 많다. 박세리는 80타대에 진입하면 제대로 된 골프스윙 '조합'이 부족하다고 분석했다. 드라이버샷이 잘 되는 날은 아이언샷이 안 되고, 아이언샷이 잘되는 날은 드라이버샷이 안 된다. 오늘 뭔가 해낼 거 같은데 은근히 안 되면서 무척 속이 상한다. 이러한 이유로는 코스 난이도에 따라 그럴 수도 있고 컨디션이나 동반자 등 여러 요인에서 기인하기도 한다. 다음으로 80타대에서 70타대로 들어서면 쇼트게임에 문제가 있다는 것을 많이 생각하게 된다. 드라이버샷이나 아이언샷은 제대로 컨트롤되지만 그린 주변에서 어려운 상황을 자주 만나게 되고 실수를 범한다. 가끔 90타 이상을 치는 사람들이 "쇼트게임은 되는데 아이언샷이 안 된다"거나 "드라이버샷이 안 된다"라는 말을 한다. 이런 사람들은 아직 골프에서 쇼트게임이 차지하는 비중을 잘 이해하지 못한다는 의미다. 다만 쇼트게임보다 드라이버샷이나 아이언샷이 더 안 되니까 쇼트게임은 잘 하는 것 같다고 착각하는 셈이다.

장타를 치면 골프 실력이 급성장할 수 있다. 골프는 멀리 칠수록 유리해진다. 남들은 롱아이언이나 우드를 쳐야 하는 상황에서 쇼트아이언으로 그린을 공략한다는 것은 엄청난 핸디캡 차이라고 할 수 있다. 그런데 '장타'는 타고난다고 봐야 한다. 장타자들은 연습을 통해 만들어지기보다는 골프채를 처음 잡을 때부터 엄청난 거리를 낸다. 장타를 치지 못하는 사람은 완벽한 '싱글'이 되기 어렵다. '레귤러티'에서 '싱글'을 치는 사람들은 코스가 조금만 길어지면 '싱글'을 치기 힘들어진다. '블루티'나 '챔피언티'에서도 '싱글'을 칠 수 있어야 진정한 '싱글'이라고 할 수 있다. 즉 장타를 치지 못하면 '레귤러티 싱글'은 될 수 있을지 몰라도 '진정한 싱글'은 되지 못한다고 할 수 있는 것이다.

그러면 '언더파'를 안정적으로 치는 아마추어가 있는가. 아니, 100% 없다. 가끔 아마추어들이 언더파를 쳤다는 얘기가 들린다. 그날 어쩌다 잘 맞은 것이라고 보면 된다. 아마추어 최강자라는 사람들도 20번 라운드해서 1~2번 나올까말까 하다고 한다. 프로들도 매번 언더파 스코어를 내는 것이 아니다. 정규 대회에서 언더파를 칠 줄 아는 프로는 국내의 경우 30명 수준이다. 물론 코스 난이도와 날씨 등의 변수가 있지만 대체로 그렇다. 골프는 성장별 단계 과정이 있다는 것을 알고 단계별로 자신의 취약점을 보완하면 효율적이다. '장타'를 치는 소질이 없더라도 누구나 노력하면 '레귤러티 싱글'은 될 수 있다. 아마추어는 거기까지만 칠 수 있다면 행복한 것이다.

14 남이 안 하는 것을 해보자

우리들은 항상 이것도 잘하고, 저것도 잘하고 모든 것을 잘해야 한다는 강박 속에서 살아갈 때가 많다. 어릴 때부터 학교 공부와는 다르게 다양한 과외 활동을 하는 이유도 바로 만능 '슈퍼맨'이 돼야 한다는 부모들의 생각 때문이다. 직장인이 되면 회사를 다니면서도 미래를 위해 뭔가를 대비해야 한다는 생각에 자신의 여가 시간을 쪼개 영어나 중국어 등 특기가 될 만한 스펙을 준비한다. 모든 것에서 뛰어나야 한다는 사고 방식은 일을 하면서도 그대로 드러난다. 운동 선수로 치면 '멀티

플레이어'가 되기 위해 부족한 부분은 없는지 끊임없이 자문한다. 회사를 운영하는 경영자들은 수익을 극대화하기 위해 몸부림친다. 1위를 달리면서도 "앞으로 10년 뒤에 우리가 뭘 먹고 살아야 하는가!'를 고민해야 한다는 이건희 삼성전자 회장의 고뇌는 그래서 우리 사회에서 설득력을 얻는다. 그러나 모든 면에서 뛰어나고 싶고, 1등이 되고 싶은 욕망은 자칫 우리의 눈과 귀를 가로막을 수 있다. 경쟁이 치열해진 만큼 더욱더 냉정하고 침착하게 자신을 돌아봐야 한다는 얘기다. 이것도 하고 저것도 하는 방식으로는 경쟁에서 이기지 못할 수도 있다. 어릴 때부터 경쟁적으로 매달리는 공부도 대부분 남들이 하니까 따라 하는 식이 많다. 뚜렷한 소신 없이 모두가 1등 성적을 향해 달려가니 나도 뛴다는 식이다. 경영자들도 '수익 극대화'에 쫓겨 대한민국 5000만 명을 모두 고객으로 잡으려는 욕심에 죽도 밥도 안 되는 전략을 구사하기도 한다.

골프를 할 때도 이러한 '슈퍼맨' 정신은 여지없이 진가를 발휘한다. 남보다 거리가 더 나야 하고 아이언샷도 잘해야 하고 쇼트게임도 잘해야 하고 퍼팅도 잘해야 한다고 생각한다. 다 잘하면 물론 얼마나 좋겠는가. 하지만 외부에 드러난 것보다 내부적으로 강한 사람이 진가를 발휘한다. 이것저것 쫓아다니고 따라하기보다는 내면을 키우는 시간을 오래도록 갖는 사람이 강해진다는 말이다. 골프 역시 강한 멘탈의 소유자가 결국 승리할 때가 많다. 눈앞에 보이는 외형보다 내면을 키우는 일은 남이 잘 하지 않는 것이다. 남이 안 하는 분야를 해야 당신은 앞설 수 있다.

15 박세리도 몰랐던 골프의 속성

10년 넘게 골프를 취재하면서 크게 깨달은 점이 있다면, 골프는 반드시 한계가 있다는 것이다. 필자는 박세리와 박지은 등이 미국 LPGA투어에서 전성기를 보내던 시절을 함께했다. 미국 대회장에서 그들을 따라다니며 여러 차례 직접 그들의 경기를 지켜봐왔다. 박세리와 박지은은 한 시대를 풍미했던 선수들이다. 아니카 소렌스탐이라는 거물이 없었다면 올해의 선수에도 선정될 수 있었다.

필자는 이 두 선수가 전성기에서 갑자기 몰락하는 모습을 지켜보면서 '골프에서 넘을 수 없는 한계'라는 속성을 뼈저리게 느꼈다. 박세리는 누가 뭐라든 한국 골프를 살린 주인공으로 역사에 기록될 것이다. 박세리는 1998년 맥도널드LPGA챔피언십과 US여자오픈 등 두 개의 메이저 대회를 석권하면서 혜성처럼 세계 골프계에 등장했다. 2001년과 2002년에는 2년 연속 시즌 5승을 거두는 등 승승장구했다. 다만 그녀 앞에는 소렌스탐이라는 '괴물'이 버티고 있었다. 박세리는 아무리 잘해도 소렌스탐의 그늘을 벗어날 수 없었다. 박세리는 2001년부터 내리 3년째 소렌스탐에 이어 상금 랭킹 2위를 했다. 박세리는 당시 자신의 원래 목표인 명예의 전당 가입 포인트를 충족한 상태였다. 그리고 자신의 꿈을 달성했지만 '2인자'라는 딱지를 떼고 싶었다. 소렌스탐을 이기고 싶었을 것이다.

박세리는 2003년 겨울 동계 훈련을 어느 해보다 충실하게 마쳤다. 명예의 전당에도 가입했지만 '타도 소렌스탐'을 외치며 정신을 가다듬었다. 당시 소렌스탐의 거리가 280야드를 넘나드는 상태여서 250야드에 머물고 있는 자신의 거리를 늘리고 싶어 체력 훈련과 스윙 교정에 주력했다. 그러나 이듬해 박세리는 상금랭킹 11위로 처졌다. 슬럼프라는 얘기가 흘러나오기 시작했다. 박세리는 그때부터 "노는 방법을 몰랐다. 너무 열심히 연습한 것이 화근이었다" 하는 말들을 내뱉었다. 2005년에는 상금 랭킹이 102위까지 추락했다. 이후 박세리는 예전의 모습을 다시 되찾지 못했다. 필자는 박세리의 그러한 과정을 쭉 지켜봤는데 정말로 박세리는 골프에만 전념했다고 말할 수 있다. 다른 곳에는 눈길 한 번 돌리지 않았다. 더 잘하려고 했는데 슬럼프가 찾아온 것이었다. 필자는 박세리의 부진 이유로서 과거보다 더 열심히 연습한 것을 빼고는 찾을 길이 없었다. 항간에서는 남자가 있다느니 말들을 했지만 그런 것에서 부진의 이유를 찾기에는 매우 궁색했다.

골프의 속성 가운데 '한계'가 있었다. 잘하려고 해도 안 되는, 욕심을 내면 오히려 역효과가 나는 '한계'라는 골프의 속성을 간과한 것이다. 전투적으로 골프를 해온 박세리에게 골프는 항상 '극복'의 대상이었다. 분명히 자신에게도 한계가 있다는 사실을 알았어야 했지만 끝없이 정상을 향해 도전만 한 것이다. 박세리는 소렌스탐에 이어 2위가 자신의 한계임을 알고 이에 순응했어야 했다. 그리고 기다렸어야 했다. 소렌스탐이 한계에 도달해 스스로 내려올 때까지. 한계는 굳이 넘으려고 애써서는 안 되고 기다려야 넘을 수 있다. 그러나 박세리는 그걸 앞당기려다 자신이 먼저 몰락했다.

16 박지은도 한계를 몰랐다.

박세리가 소렌스탐이라는 벽을 넘으려다 한계에 부딪혀 내리막길을 걸었던 것과 마찬가지로 박지은도 같은 길을 답습했다. 박지은은 박세리가 주춤하던 2004년 소렌스탐에 이어 상금 랭킹 2위로 치고 올라왔다. 어린 시절부터 쌓아온 실력이 비로소 빛을 보기 시작한 것이었다. 당시에는 박세리가 넘지 못했던 소렌스탐의 벽을 넘을 박지은이 과연 넘어설 수 있을 지가 최대의 관심사였다. 박지은 역시 "이제 골프 칠 맛이 난다"라며 정상을 향해 스스로를 다잡기도 했다. 상금 랭킹 2위로 2004년 시즌을 마감한 박지은은 마지막 대회를 끝내고 나가다 주차장에서 소렌스탐을 만났다. 박지은은 "내년에는 각오하라" 하며 소렌스탐에게 농담 반, 진담 반으로 말했다. 소렌스탐도 "기다리겠다"라는 말로 화답했다. 그러나 이후 그녀는 소렌스탐의 경쟁 상대가 되지 못했다.

왜 그랬을까. 박지은 역시 연습하다가 기회를 망쳐버렸다. 박지은은 그해 겨울 연습에만 몰두했다. 박지은은 "예전에는 골프 연습을 왜 하는지 몰랐으나 이제는 정말 연습을 해야겠다는 마음이 들어 연습을 하게 됐다"라고 말할 정도로 연습에 열의를 가졌다. 하지만 박지은은 과도한 연습으로 허리 통증 등 고질병이 도지면서 현 수준도 유지하지 못한 채 이듬해 상금랭킹 34위로 내려간 뒤 팬들의 관심 밖으로 사라졌다. 유명 선수들이 무너진 사례는 데이비드 듀발에게서도 찾을 수 있다. 듀발은 한때 타이거 우즈와 랭킹 1, 2위를 다투던 선수였다. 당시 일본에서 열린 한 대회에서 그의 스윙을 봤는데 손목을 비틀면서 백스윙하는 것이 좀 특이하게 느꼈던 기억이 있다. 그런데 얼마 지나지 않아 듀발은 커트 통과도 못할 정도로 망가졌다. 이유는 스윙 교정이었다. 최근 듀발의 경기를 분석하면 당시의 손목을 비트는 백스윙을 버리고 '스탠더드형'으로 전환한 것이 드러난다. 보기에는 좋아졌지만 그는 더 이상 톱랭커가 아닌 '3류 선수'에 지나지 않는다.

만약 8자 스윙으로 유명한 짐 퓨릭이 자신의 스윙을 정상으로 바꾸면 어떻게 될까. 그 역시 망가지고 말 것이다. 골프에는 한계가 있다. 그것은 스윙 교정이나 클럽 교체 등의 방법으로 결코 넘을 수 없다. 골프가 그렇게 해서 끊임없이 발전할 수 있다면 얼마나 좋겠는가.

4

골프에 대한
생각을 다시 하자

1 거리 중독증

아마추어 골퍼들이 참으로 고치기 힘든 점은 거리에 대한 욕심이다. 지금보다 조금 더 멀리 공을 보냈으면 하는 욕망을 누구나 갖고 있다. 골프장에서 드라이버샷으로 까마득히 날아가는 공을 쳐보고 싶은 마음은 이해가 간다. 하지만 그 정도가 지나친 것은 아닌지, 혹시 자신이 '거리 중독증'은 아닌지 생각을 해볼 필요가 있다.

연습장에 가면 드라이버샷만 죽자사자 쳐대는 사람들이 많다. 상의는 비틀어져 있고 머리도 약간 헝클이지고 이마에 땀방울이 송송 맺힌 채 거친 숨소리를 내며 연신 드라이버를 친다. 어떤 이는 아이언의 거리를 늘리려고 한다. 평소 7번 아이언으로 150야드를 쳤다가 어느 날 갑자기 160야드를 기록하면 좋아서 어쩔 줄을 모른다. 아이언샷은 거리보다 정확도가 생명임을 다시 한 번 강조하겠다. 이번에는 150야드가 나갔는데 다음에는 160야드가 나간다면, 그런 아이언샷은 곤란하다.

세컨드샷을 할 때도 일단 멀리 가고 보자는 주의다. 10야드라도 더 나가면 좋은 거 아니냐는 것이다. 코스 매니지먼트에서 가장 중요한 것은 다음 샷을 하기 좋은 안전한 곳을 택하는 것이다. 가장 위험한 일은 조금 더 보내려는 것이다. 러프나 트러블 지역에 공이 들어가면 모든 목표는 탈출에 맞춰져야 하지만 그런 상황에서 목표를 '조금 더 전진하는 곳으로의 탈출'을 꿈꾼다면 당신은 '거리 중독증'을 의심해봐야 한다. 마약이나 알코올 중독만이 중독은 아니다. 쇼핑이나 인터넷 활동 등 행위 중독도 중독이다. 거기에 골퍼들은 '거리 중독증'을 염려해야 한다. 중독에 빠지면 이를 헤어 나오는 것이 쉽지 않다고 한다. 중독을 벗어나려면 가장 먼저 자신이 중독자라는 사실을 알아야 한다고 한다. 중독을 알기만 해도 절반은 치료한 셈이 된다는 것이다. 그런데 이를 아는 것이 그렇게도 어렵단다. 혹시 나는 거리 중독자가 아닌지 물어보고, 또 돌아보자.

2 골프의 운

운칠기삼이란 말이 있다. 운이 70%를 차지하고 기술은 30%란 얘기다. 골프도 운에 상당히 큰 영향을 받을 때가 있다. OB가 날 듯한 공이 나무를 맞고 들어오기도 하고 빗맞은 공이 핀 바로 옆에 붙기도 한다.

공이 벙커에 들어갔다가 튀어나오기도 하지만 벙커에 들어간 공이 '에그프라이' 형태로 박히기도 하고 고약한 라이에 놓이기도 한다. 미스샷이 좋은 결과를 가져오는 행운도 따르지만, 그 반대로 기가 막히게 잘 맞은 샷이 불운으로 이어지기도 한다. 100% 퍼펙트한 샷이 나왔는데 바람이 불어 예상보다 비거리가 길어져 그린을 넘어갈 수도 있고 짧을 수도 있다.

 문제는 이런 운이 경기 흐름을 완전히 뒤바꿔놓기도 한다는 것이다. 좋은 스코어를 유지하며 한 홀 한 홀 나아가는데 느닷없이 공이 도로에 맞고 OB가 난다거나 러프로 흘러간 공을 아무리 애써도 못 찾는 불운도 따른다. 이런 때는 실망이 너무 큰 나머지 한순간에 무너질 수밖에 없다. 인정하고 싶지 않지만 골프에는 운이 많이 따른다는 것을 인정해야 한다. 그래서 너무 컨디션이 좋으면 불운을 조심해야 하고 샷이 안 될 때는 오히려 행운이 다가올 수 있다. 물론 정반대의 상황도 가능하다. 운이 항상 자신의 편이면 좋겠지만 그럴 리는 없다. 오히려 남의 편일 때가 더 많은 것 같다. 골프에서 운을 찾으면 찾을수록 잘 다가오지 않는다. 운에 모든 것을 걸면 '로또' 당첨을 기다리는 것과 다를 바 없다.

 혹시 지난 주말 라운드에서 불운에 빠지지 않았는가. 불운에 빠졌더라도 불운조차 골프의 속성 가운데 하나의 요소임을 받아들여야 한다. 불운이 있으면 행운도 분명히 있다는 것을 믿어야 한다. 골프의 운은 한낱 게임의 운에 불과하다. 크게 괘념치 않는 마음가짐이 필요하다.

3 장타의 꿈은 환상

필자는 200여 명이 넘는 국내 아마추어 고수들을 일일이 만나 인터뷰하고 때로는 라운드도 함께하면서 이들이 어떻게 골프를 잘 치게 됐으며, 이들에게는 어떠한 공통점이 있는지를 자연스레 관찰하게 됐다. 많은 기자들이 프로골퍼들을 취재하는 데 집중하지만 아마추어 골퍼를 밀착 취재하는 경우는 별로 없었다. 아마추어 고수들은 프로들처럼 뉴스의 초점이 되기는 어렵지만 아마추어 골프 세계를 파악하는 데는 더할 나위 없이 좋은 취재 대상이었다. 고수의 기준은 일단 베스트스코어가 '언더파'인 골퍼들을 대상으로 했다. 아마추어 골프 세계에서 '언더파'는 '신의 경지'라고 해도 과언이 아니다. 단 한 번을 기록했다고 해도 대단하다고 할 수 있다. '언더파'를 쳐본 경험이 있는 고수들은 하나같이 250야드 이하를 치는 경우는 거의 없었다. '언더파'도 대부분 프로들이 경기하는 챔피언티에서 기록했다. 더욱 신기한 사실은, 이들은 골프채를 잡고 처음 칠 때부터 그렇게 거리가 났다는 것이다. 사실상 천부적인 임팩트 감각을 갖고 있었던 것이다.

그렇다 보니 고수들 중에는 과거에 태권도, 육상, 축구, 수영 등 운동선수 출신들이 많았다. 그만큼 체력적인 요소가 뒷받침됐다는 얘기다. 그들을 접하면서 아마추어 골퍼지만 일반 '레크리에이션 골퍼'들과는 질적으로 다르다는 것을 깨닫게 됐다. 또한 거리를 내는 것은 타고난 순발력과 체력 없이는 불가능하다는 점도 인정하게 됐다. 필자는 평균 드라이버샷 거리가 210야드 안팎이다. 잘 맞으면 230야드 정도 나가지만 평균적으로 210야드 정도다. 골프 실력이 향상될수록 '장타'에 대한 욕심을 떨칠 수 없었다. '여기에서 거리가 조금만 더 나가면 좋을 텐데…' 하는 미련이 계속 남았다. 어쩌다 블루티나 프로들이 치는 블랙티에서 라운드하거나 코스 전장이 긴 골프장을 가면 그런 아쉬움은 더욱 커졌다. 그래서 레슨도 받아보고 거리를 내는 연습에 몰두한 적도 있었다. 하지만 거리 늘리기는 사람의 키를 늘리는 것만큼이나 힘들고 어쩌면 불가능한 일이었다. 어느 날 갑자기 거리가 조금 늘었다가 다시 원래 거리로 돌아오거나 오히려 줄어드는 경향이 더 잦았다.

아마고수들을 만나면서 이른바 아마추어들이 꿈꾸는 '장타'와 '싱글'에 대한 미련이 얼마나 부질없고 허망한 것인지를 알게 됐다. 주변의 모든 골퍼들이 추구하지만 그것은 한낱 무지개일 수밖에 없다는 사실을 받아들여야 했다. 무지개를 좇다가 그것이 잡을 수 없는 실체임을 알게 되면 이후에는 골프 자체에 대한 의욕 상실로 이어지기 마련이다. 목표를 잃어버린 상황에서 골프란 더 이상 무의미해져 버린다. 골프가 갖는 한계, 특히 아마추어가 필연적으로 맞닥뜨리는 한계를 모르다가 알게 되면 극심한 슬럼프가 찾아온다. 이 슬럼프는 골프를 한창 배울 때 스윙이 됐다가 안 됐다가 하는 것과는 질적으로 다르다. 골프 자체에 대한 회의가 오기 때문이다.

4 골프가 쉽게 늘지 않는 이유

골프가 잘 안 되는 이유는 뭘까. 스윙이 나빠서 그럴까, 평소 연습을 게을리해서 그럴까, 클럽이 구식이라서 그럴까, 레슨을 안 받아서 그럴까, 골프코스가 어려워서 그럴까. 우리들이 골프를 잘 못하는 이유는 넘을 수 없는 한계가 있기 때문이다. 골프를 잘 치기 위해 아무리 열심히 해도 안 되는 한계가 있다. 그런데 이를 누구도 말해주지 않는다. 그냥 열심히 하면 당신도 '싱글'이 될 것이라는 희망만 심어준다. 아마추어로서 넘을 수 없는 한계가 있다는 얘기는 아무도 하지 않는다.

필자는 아마추어 골퍼들의 경우 99% '싱글'이 될 수 없다고 단언한다. 평균 드라이버샷 거리가 200~230야드 이하인 사람은 절대로 '싱글'이 될 수 없기 때문이다. 아마추어 골퍼의 99%는 드라이버샷 거리가 230야드 이하다. 만약 누군가 이 정도의 거리를 평균으로 가지고 있으면서 자신이 '싱글'이라고 말한다면 그것은 100% 거짓말이라고 봐도 맞을 것이다. 그래도 '싱글'이라고 우기는 사람이 있다면 그 사람은 스코어 작성에 지나치게 관대하거나 '기브'를 남발하는 등 뭔가 비신사적인 다른 요인이 숨어 있을 것이다. '싱글'이 되려면 최소한 평균 드라이버샷 거리가 250야드 이상이 돼야 한다. 어쩌다 잘 맞은 거리를 말하는 것이 아니라는 것이다.

한 가지 덧붙이자면 이 정도 거리를 낸다고 무조건 '싱글'이 되는 것도 아니다. '싱글'이 될 수 있는 가능성이 남들보다 높다는 것일 뿐. 골프에 지나치게 의욕적인 사람들은 드라이버샷 거리를 늘리기 위해 스윙을 교정하고 레슨을 받는 등 엄청난 시간과 돈을 들이고는 한다. 그러나 안타깝게도 스윙은 인간의 키와 비슷하다고 생각하면 된다. 성경에 나온 말씀처럼 '누가 제 키를 한 자라도 늘릴 수 있겠는가'. 마찬가지로 누가 자신의 드라이버샷 거리를 250야드 이상으로 늘릴 수 있겠는가. 평균 드라이버샷 250야드는 한계치다. 200야드 안팎을 치는 아마추어 골퍼는 어떤 연습이나 노력으로도 이 수치를 넘기 힘들다. 250야드의 의미를 잘 알고 인정해야 하겠다. 이 수치는 이른바 주변에서 300야드를 친다고 소문난 사람들의 평균 드라이버샷 거리다. 가끔 너무나 쉽게 300야드를 친다는 사람들이 있는데 이는 지나친 허풍이다. 2009년 미국 PGA프로 가운데 평균 드라이버샷 거리가 300야드를 넘는 사람은 12명에 불과하다. 과거에는 2~3명에 불과했다.

아마추어들은 자신이 생각하는 드라이버샷 거리에서 20~30야드를 빼야 평균 드라이버샷 거리다. 즉 자신이 평균 230야드를 기록한다고 생각하는 골퍼의 평균 드라이버샷 거리는 200야드 안팎이라는 것이다. 300야드 나간다는 사람도 평균을 내보면 260~270야드 정도에 그친다는 점을 감안한다면 골프의 스트레스에서 어느 정도는 해방될 수 있을 것이다.

5 베스트스코어의 악영향

골퍼들이라면 누구나 다음과 같은 경험을 해봤을 것이다. 직전 라운드에서 기가 막히게 잘 맞으면 다음 라운드에서는 죽을 쑨다. 특히 베스트스코어에 근접하는 기록적인 샷을 한 다음에는 어김없이 망가진다. 페어웨이를 가르던 환상적인 드라이버샷은 온데간데없고 그렇게 잘 떨어지던 아이언은 중구난방이다. 쇼트게임도 안 된다. 퍼팅은 말할 것도 없다. 왜 이런 일이 벌어질까. 그 원인은 다분히 심리적인 것과 연관이 깊다. 하루아침에 샷이 달라진 것도 아니고 몸에 변화가 온 것도 아니다. 급격한 샷의 변화는 심리적인 면에서 그 원인을 찾을 수 있다.

아마추어 골퍼들에게 '베스트스코어'는 많은 의미를 던져준다. 이븐파라도 기록하면 자신도 이븐파를 쳐봤다는 자신감을 심어준다. 언더파를 한 번이라도 기록해본 사람은 평생 '자신은 언더파를 쳐봤다'는 자긍심을 갖게 된다. 프로 골퍼가 우승을 해봤느냐, 못해봤느냐는 선수 생활에 상당한 영향을 미친다. 그래서 우승을 해본 사람이 또다시 우승을 하는 경향이 있다. 우승을 못해본 선수는 막판에 곧잘 무너지곤 한다. 베스트스코어는 우승을 한 선수처럼 장기적으로 골퍼에게 긍정적인 영향을 미친다. 그러나 단기적으로는 악영향이 강하다. 자신도 모르게 최근의 라운드를 떠올리며 라운드를 하게 된다. 베스트스코어를 쳤다면 그 다음 라운드에서는 더욱 겸허한 자세가 필요하다. 과거의 스코어를 끄집어내려고 들면 오늘의 스코어는 엉망이 된다. 베스트스코어는 그걸로 족하다. 베스트스코어는 베스트일 뿐 당신의 실력이 아니라는 것을 잊으면 안 된다.

6 골프에 대한 환상이 깨질 때

인생은 고비마다 중요한 선택을 강요한다. 우리네 일상은 학교를 결정하고 회사를 택하거나 배우자를 정하는 등 매 순간 수많은 선택의 기로에 서게 된다. 회사를 운영하는 경영자도 기업의 존망을 결정짓는 중요한 결정을 수시로 내리게 된다. 간혹 순간순간 결정을 내린다는 점에서 골프가 인생과 비슷하다는 말들을 자주 한다. 인생에서 잘못된 선택이 사람을 곤경에 빠뜨리듯이, 골프에서도 잘못된 선택이 큰 위험에 빠지게 하기 때문에 신중히 선택해야 한다고 주장한다.

그러나 가만히 잘 생각해보면 골프의 선택은 그리 심각하고 어렵지 않다. 인생이나 경영자의 판단은 그야말로 생사를 결정하는 매우 심각하고 중대한 사안이다. 하지만 골프에서의 선택은 그것과 비교될 수 없다. 이 얘기를 하는 것은 골프에서의 선택을 마치 심각한 인생이나 기업들의 진로 결정처럼 심각하게 받아들이지 말라는 것이다. 골프에서의 선택은 예전에 비슷한 경험을 했던 것들을 다시 선택하는 것에 지나지 않는다. 이는 마치 우리가 마트에서 쇼핑하면서 선택하는 것과 흡사하다. 일전에 샀던 상품이 별로 마음에 안 들면 다음에는 얼마든지 다른 물건으로 바꿀 수 있다. 또 매일 가는 식당에서 내가 좋아하는 음식을 고르는 것에 지나지 않나. 맛있게 먹었던 음식을 다시 돈 주고 사먹는 사람은 없을 것이다. 라운드 도중 발생하는 선택의 문제는 반복적인 것이다. 즉 원칙만 있으면 그리 어려운 문제가 아니라는 얘기다.

예를 들어 트러블 지역에 가면 공격적으로 치지 않고 뒤로 돌아가더라도 일단 위험 지역을 벗어난다든가, 맞바람이 불면 평소보다 두 클럽 이상 길게 친다거나 하는 식이다. 지난번에 러프에서 우드로 쳤다가 토핑샷을 낸 사람이 '지금이 중요한 선택의 순간이다. 공격적으로 치자' 하고 생각하는 것은 선택을 너무 오버해서 받아들이는 것이다. '러프에서는 우드가 안 맞더라. 그러니까 다른 클럽을 택해야 한다' 라는 경험의 문제일 뿐이다. 골프는 선택할 것이 많지 않다. 예전의 경험을 통해 배운 것만 잘 따라 해도 된다. 골프를 너무 '오버' 해서 생각하지 말자.

7 골프 스트레스에서 벗어나자

라운드를 마치고 나면 기분이 좋지 않을 때가 많다. 라운드를 끝내고 골프에 관해 드는 생각에는 어떤 것들이 있는가. 100타 안팎을 치는 스코어로는 골프를 통해 즐거움을 얻기에 부족한 점이 많다. 잘 맞았다는 생각보다 미스샷이 더 많기 때문이다. 그래서 라운드를 마치고 나면 잘 쳤다는 느낌이 별로 들지 않는다. 적지 않은 돈을 지불하면서 라운드를 통해 얻을 수 있는 것이 만족감 대신 짜증과 치밀어오르는 울화라면 뭐가 잘못된 것이다.

부족한 실력이지만 골프를 즐겁게 할 수는 없을까. 이를 위해서는 골프에 대해 돌아보는 시간을 가져야 한다. 내가 왜 골프를 하는지 먼저 생각해보자. 골프의 목적이 어디에 있는지를 깊이 고민해보자는 것이다. 사교를 위해서인지, 비즈니스를 위해서인지, 건강을 위해서인지 저마다 이유는 다양할 것이다. 친구들과 어울리기 위한 수단으로서의 골프는 좋은 도구다. 골프는 사업상 만남을 갖기에 매우 좋은 구실이 되기도 한다. 골프는 성인들의 건강에 큰 기여를 한다.

　이처럼 좋은 점이 많은데 골프가 어렵고 힘들어지는 이유는 무엇일까. 그것은 골프를 통해 얻을 수 있는 만족 그 이상을 추구하기 때문이 아닐까. 일례로 골프를 하면 승부욕이 발동된다. 긴장도를 높이기 위해 내기라도 걸면 더욱 그렇게 흘러간다. 친구도 없어지고 비즈니스 목적도 사라질 때가 많다. 심각해져서 담배를 지나치게 피워대기도 한다. 한 번 지기라도 하면 복수심에 불타 연습장에서 칼을 갈기도 한다. 골프를 접하는 태도를 바꾸지 않는 한 아마추어 골퍼들에게 골프는 고역이 될 수밖에 없다. 아마추어 골퍼가 골프에 지나치게 몰입하는 것은 바람직하지 않다. 몰입이 클수록 실망도 커지고 골프로 인한 스트레스가 높아진다. 편한 마음가짐으로 골프에 임하는 것이 좋겠다. 골프를 통해 이루어야 할 것은 좋은 스윙도 아니고 싱글 스코어도 아니다. 동반자들과 즐거운 시간을 갖고 이를 통해 일상의 스트레스를 풀면서 재충전하는 것이다.

5

골프에 대한 오해와 진실

1 이븐파를 90타로 바꿔라

　골프에서 이븐파는 72타를 말한다. 프로들은 대부분 이 스코어보다 적게 쳐 언더파를 기록한다. 아마추어 골퍼들도 평생 골프의 목표가 이븐파나 언더파를 쳐보는 것이리라.
　아마추어 골프의 세계에서 80타대의 기록은 대단한 실력이다. 평소 핸디캡이 86타 정도인 골퍼가 84타를 치면 사실상 2언더파를 친 것이나 다름없다. 그런데도 그렇게 생각하지 않는다. 퍼팅이 조금만 따라줬어도, 몇 번 홀에서 OB만 나지 않았어도 70타대를 칠 수 있었을 것으로 판단해 더 아쉬워한다. 남들이 보기에 그 정도 실력이면 충분한데 자신은 결코 만족하지 못한다. 그러다 다음에 라운드를 가면 90타를 넘게 치고 올라온다. 골퍼가 자신의 실력에 비해 현격한 차이가 나는 수준의 세계에 눈높이를 맞춰놓으면 그때부터 불행이 시작된다. 이런 골프는 너무 불행하다. 이런 자신을 칭찬해주지는 못할망정 연신 불만족스러워한다면 아마 죽을 때까지 불행에서 벗어나지 못할 것이다.

아마추어 골퍼들이 가장 경계해야 할 것은 마치 프로처럼 행동하고 사고하려는 것이다. 그러나 아주 뛰어난 고수들조차 자신은 프로가 될 수 없다는 점을 잘 알고 있다. 그래서 아마추어의 한계를 지키면서 라운드한다. 하지만 보기플레이를 막 벗어나는 시점의 골퍼들은 자신의 '신분'을 자주 망각한다. TV에서 프로들이 어쩌다 시도하는 '플롭샷'을 시도한다거나 '드로샷', '페이드샷' 등 기술 샷에 부쩍 관심을 갖기 시작한다. 그러나 자신의 수준을 제대로 이해하면 골프를 보는 눈이 확 달라진다. 그동안 주변 여건이 이를 잘 도와주지 못했다. 무조건 프로처럼 해야 한다고 은연중에 강요를 해왔다. 허나 이제 이런 말들을 모두 무시해보자.

아마추어 골프는 프로와 완전히 다르다. 스코어가 그렇게 신경 쓰인다면 90타를 이븐파로 정하라. 그래서 85타를 치면 그날 당신은 5언더파를 친 것이다. 95타를 치면 5오버파를 기록한 것이다. 솔직히 프로들이 라운드 전에 갖추는 여러 가지 행동 등을 감안하면 프로들은 72타가 이븐파, 아마추어 골퍼들은 90타가 이븐파가 맞다. 비교 대상 자체가 아니다. 프로들이 뛰어나다는 얘기가 아니다. 그들은 그렇게 밥을 먹듯이, 그리고 자신의 직업으로서 돈을 벌기 위해 골프를 쳐왔으니 그 정도 실력을 내는 것이 당연하다. 하지만 아마추어는 공부도 하고 직장도 다니고 가정도 챙기면서 골프를 한다. 90타 이븐파가 프로들의 72타보다 더 '짠 스코어'라고 할 수 있다. 프로들은 오버파를 치면 불행하다. 돈이 안 되기 때문이다. 당신이 그토록 되고 싶어 하는 프로들은 어쩌면 참으로 불행한 골퍼들이다. 너무 화려한 선수들의 모습에 현혹되지 말라.

2 드라이버샷 연습은 사라져야 한다

평균 200야드 나가는 드라이버샷 거리가 250야드로 늘어난다면 골프가 얼마나 재미있겠는가. 장타를 칠 수만 있다면 골프는 지금보다 한층 더 쉬워지기 마련이다. 이런 장타에 대한 부러움은 골프를 하는 동안 당신을 떠나지 않을 것이다. 그래서 연습장에서 장타를 치기 위한 특별 레슨을 받으려 하고 거리를 늘려주는 새로운 클럽이 출시되었다는 소식이 들리면 득달같이 달려가 클럽을 구입하기도 한다. 그러나 장타에 대한 욕심은 조금 심하게 표현하면 다시 태어나는 길밖에 없다. 필자도 평범한 드라이버샷 거리를 치던 동반자가 어느 날 270~280야드를 치는 것을 경험하기도 했다. 100% 예외가 없다고 할 수야 없지만 확률 게임인 골프에서 그 예외를 자신의 것으로 만들기 위해 노력하기보다는 다른 것에 그 노력을 쏟는 자세가 훨씬 현명하다는 조언을 들려주고 싶다.

거리를 늘린다고 연습장에서 드라이버샷을 하루 100개씩 연습하는 쪽에 비해 생활 속의 스트레칭이 더 낫다. 장타 연습보다는 어프로치샷과 퍼팅 연습을 더 하는 것이 나으며, 50야드 어프로치샷을 주무기로 만들기 위해 연습장을 찾는 것이 훨씬 바람직하다는 얘기다. 저녁에 뉴스를 귀로 들으면서 꾸준하게 퍼팅 스트로크 연습을 하는 것도 효과적이다. 장타에 대한 욕심을 버리고 거기에 투자하는 시간을 다른 쪽으로 활용하면 오히려 득이 더 클 수 있다. 드라이버를 치기 위해 연습장 갈 시간에 자전거를 탄다거나 조깅을 하면 오랜 시간 뒤에 당신이 그토록 원하던 드라이버샷 거리가 10~20야드 늘어날 수 있다. 부디 앞으로는 연습장에서 맹목적인 드라이버샷을 연습하는 골퍼들의 모습이 사라졌으면 좋겠다.

3 골퍼들의 지갑만 축내는 연습장과 스크린골프

아마추어 골퍼들이 라운드 도중 가장 중시해야 하는 것은 일관되게 체력을 유지시킬 수 있느냐다. 스윙을 위해서는 연습량을 늘려야 하는 것으로 착각하지만 훌륭한 스윙을 위해서는 먼저 체력을 기르는 것이 가장 중요하다. 그러나 대부분의 아마 골퍼들은 연습장, 그것도 200야드 이상 되는 연습장에서 드라이버로 200개 이상 연습 볼을 쳐야 한다고 생각한다. 70분간 300개 이상 치는 사람도 많다. 겨울철에 스크린골프방에서 스윙이라도 해야 감이 유지된다고 생각하는 이들도 많다. 정말로 연습장이나 스크린골프방이 골프에 도움을 줄까. 전혀 안 된다고 단언할 수는 없지만 그리 효과적이지 못하다. 땀이 날 만큼 열심히 연습했다고 해도 효과를 따져보면 실익이 크지 않다.

예전에 국내 프로들은 외국 대회를 나가면 개막 전날 골프에 지장이 생길까 염려해 아무런 운동도 안 하고 호텔 방에서 휴식을 취했다고 한다. 반면 외국 프로들은 전날뿐 아니라 당일 아침에도 헬스장에서 개인적인 체력 훈련을 했다고 한다. 단적으로 말해 아마추어가 체력 훈련만 꾸준히 할 수 있다면 스윙 연습을 거의 하지 않는다 해도 더 나은 효과를 볼 수 있다는 점이다. 체력 훈련 도중 '빈 스윙'만 간간히 해주면 그만이다. 체력을 기르려면 제 자리에서 스윙하는 것보다 뛰거나 걷는 등 움직이는 운동이 낫다. 골퍼들은 가장 쉽게 골프 실력을 늘릴 수 있는 방법을 시도하지 않는다. 무거운 클럽으로 빈 스윙하거나 조깅, 자전거 타기 등은 그냥 혼자서 묵묵히 꾸준히 하는 것은 매우 좋은 연습이 된다. 아마추어 골퍼들 대부분은 처음에 잘 치다가도 후반이 되면 급격히 무너지는 일이 잦다. 혹은 초반에 잘못 치다가 후반에 살아날 때쯤이면 체력이 떨어져 기회를 놓치기도 한다. 하체가 단단히 버텨줘야 하는 퍼팅 시점에 체력 차이는 확연히 들어난다. 3퍼팅을 하는 대표적인 이유가 바로 체력 저하로 인한 집중력 상실 탓이기 때문이다.

4 서울대병과 골프병

얼마 전 TV에서 야구 선수를 하다가 그만두고 고등학교 때 공부를 시작해 사법 시험에 합격한 사람의 이야기가 나왔다. 또 다른 방송사에서는 고교 2학년 때까지 거의 꼴찌를 달리다 3수 끝에 서울대에 합격한 학생의 이야기도 전파를 탔다. 대단한 반전을 이뤄낸 사람들이다. 그러나 일부 성공 사례를 붙잡고 불특정 다수에게 이를 권하고 노력을 촉구하는 것은 합리적이라고 할 수 없다. 대다수는 그 한계를 넘기 어려운 것이 사실 아닌가. 자녀를 키우는 모든 부모들은 아마도 유치원 때부터 자녀의 서울대 입학을 꿈꿀 것이다. 우리나라 사교육 열풍의 원인도 따져보면 다 '서울대' 때문이다. 이러한 열망은 고등학교 때까지 지속되다가 고3이 돼서야 산산조각이 난다. 요즘은 외국어 고교 등 특수고들이 강세를 보이면서 이전보다 포기가 빨라지고는 있다. 모든 길이 서울대로만 통하는 것은 아니다. 골프 역시 입문하면서부터 프로 또는 싱글을 목표로 삼기보다는 여러 가지 다른 방법으로 접근해야 한다. 골프를 하는 것은 오로지 스코어를 잘 내기 위함도 아니고 내기를 해서 이기기 위함도 아니며, 거리를 늘리는 것 또는 싱글이 되는 것이 전부가 아니다. 이런 식의 골프는 골프의 장점을 모두 가려버리는 어리석은 행동이다. 아마추어 골퍼가 아무리 노력해도 250야드 이상을 치기 힘들고 이에 따라 '싱글'은 영원히 달성할 수 없는 숙제라는 것을 깨닫는 것은 대단히 중요하다. 이를 간과하고 골프에 달려들 경우 언젠가 당신의 골프는 깊은 좌절에 빠지거나 실망감만 가득한 골프를 그만두게 만들 것이다. 서울대를 갈 수 없는 수험생에게 무조건 '넌 할 수 있다'라고 말하며 달성할 수 없는 목표를 세우게 하는 것은 분명히 잘못된 선택이다.

우리가 집착해온 골프는 기쁨과 즐거움보다는 스트레스와 불화가 더 많았을지 모른다. 결코 잡을 수 없는 환상을 좇음으로써 어쩌면 앞으로도 영원히 골프의 참맛을 느끼지 못할 수도 있다. 자신에게 한 번 물어보자. 나는 왜 골프를 하는가. 취미나 건강이 이유라면 다른 운동도 많다. 사교가 목적이라면 더 좋은 모임의 장이 많다. 당신에게 골프는 허영을 채워주는 도구인가. 그렇다면 골프는 당신의 인생에 아무런 도움이 안 되는 백해무익한 것일 뿐이다.

5 왜 맞춤형 골프클럽이 나왔을까

최근 새로 나오는 골프클럽들은 대부분 '맞춤형'이다. 예전에 골프클럽은 몇 개의 '기성품'으로 나왔으나 현재는 다양한 선택 사양을 갖춰 출시되는 추세다. 앞으로 이러한 현상은 더욱 두드러져 사전에 미리 스펙을 알려주고 제품을 받는 '주문형'으로 발전할 전망이다. 왜 골프클럽이 여러 형태로 등장하는지 생각해볼 필요가 있다. 클럽메이커들은 골퍼들의 선택폭을 넓혀주기 위해서라고 말하지만 과연 그럴까. 이동 전화를 생각해보자. 휴대폰은 매우 복잡한 가격 체계를 갖고 있다. 이름을 다 기억하기도 힘들 정도로 다양하다. 왜 이렇게 휴대폰 요금제도가 복잡할까. 이것도 소비자들의 선택폭을 넓혀준 것일까. 아니다. 이동 통신 회사들이 복잡한 가격 체계를 갖고 있는 이유는 이윤을 극대화하기 위함이다. 휴대폰 이용자들의 기호가 다양하다는 점을 이용해 가능한 최대의 이익을 얻어내기 위해 복잡한 선택 사양을 제시하는 것이다.

골프클럽메이커들도 마찬가지다. 예전에는 한 가지 브랜드만 가지고 몇 년간 이익을 낼 수 있었다. 그러나 경쟁이 치열해지면서 제품의 생명주기가 갈수록 짧아져 1년에 두세 차례씩 신제품을 선보여야 하는 상황이 됐다. 최근에는 골퍼들을 유인할만한 신제품 런칭이 힘들어지면서

제품의 사양을 복잡하게 하는 전략으로 방향을 틀었다. 헤드와 샤프트를 분리해서 팔기 시작한 것이 이러한 움직임을 구체화한 것으로 보면 된다. 조만간 클럽메이커들은 '주문형' 클럽을 선보이기 시작할 것이다. 미리 자신이 원하는 클럽을 주문하면 이에 맞춰 클럽을 제작해준다는 것이다. 주문형은 무엇을 뜻하는가. 그건 바로 고가를 의미한다. 제품의 질은 별로 달라진 것이 없지만 '당신을 위해 만들었다'는 명분으로 비싼 값을 요구하는 것이다. 아마추어 골퍼가 이에 대처하는 길은 클럽에 대한 의존도를 하루 빨리 버리는 것이다. 클럽은 이제 회사별로 큰 차이가 없는 제품이 돼버렸다. 현재 갖고 있는 클럽으로 평생을 써도 무방하다.

6 골프클럽 7~8개로 충분하다

골프 규칙은 클럽을 14개까지 소지한 채 라운드를 하도록 규정하고 있다. 이보다 적은 것은 상관없지만 하나라도 더 가지고 라운드할 경우 1개 홀당 2벌타를 2개 홀에서 부과해 총 4벌타를 받는다. 가끔 프로들이 자신도 모르게 드라이버를 하나 더 골프백에 보관하다가 벌타를 받곤 한다. 아마추어 골퍼들은 대부분 14개의 클럽을 가지고 라운드에 임한다. 드라이버 1개, 페어웨이우드 3, 5번 2개와 아이언 3번부터 9번까지 7개, 여기에 피칭웨지와 52도 웨지, 샌드웨지, 퍼터를 모두 들고 다닌다. 3번 아이언 대신 요즘은 하이브리드클럽을 즐겨 사용한다.

그런데 과연 아마추어 골퍼에게 14개의 클럽이 다 필요한지 생각해 볼 필요가 있다. 연습량이 절대적으로 부족한 아마추어 골퍼들은 14개 클럽을 다양하게 쓰는 것보다 한정된 클럽을 반복적으로 쓰는 지혜가 더 효율적일 수 있다. 아마추어 골퍼들이 14개 클럽을 모두 다 쓰는 경우 긴 클럽의 사용 빈도가 지나치게 높아지기 때문이다. 평균적인 아마추어 골퍼들은 150야드를 7번 아이언으로 공략한다. 160야드는 6번, 170야드는 5번식이다. 그런데 골프장에서 맞닥뜨리는 거리는 대부분 170~200야드 안팎이다. 평균 드라이버샷 거리가 200~230야드인 아마추어들은 370~400야드 파4홀에서 대부분 긴 클럽을 써야만 한다. 그러다 보니 정작 7번 아이언보다 짧은 클럽은 사용하는 빈도가 매우 낮다.

샷의 정확도를 높이는 가장 좋은 방법은 짧은 아이언을 많이 쓰는 것이다. 프로들은 7번 아이언보다 긴 클럽으로 세컨드샷을 하는 경우가 많지 않다. 물론 그들은 9번 아이언으로 180야드 이상을 쉽게 치기 때문에 아무리 긴 홀이라도 모두 짧은 아이언을 사용할 수 있다. 그래서 프로들은 정확도가 좋다. 프로들도 7번 아이언보다 긴 클럽으로 그린을 공략하면 정확도가 지금보다 상당히 떨어질 것이다. 아마추어들도 당연히 짧은 아이언으로 샷을 해야 정확도가 좋아진다. 하지만 현실은 그렇지 못하다. 매 홀, 이론상 거리는 맞지만 실제에서는 정확도가 현저히 떨어지는 긴 클럽을 자주 사용하는 것은 그리 현명하지 못하다.

420야드짜리 파4홀. 드라이버가 잘 맞았다. 긴 홀이라 그린까지 남은 거리는 200야드. 당신은 무슨 클럽을 사용할 것인가. 페어웨이에 공이 안착하면 대부분 페어웨이우드나 롱아이언을 사용해도 괜찮다고 생각하는 경향이 있다. 공이 러프로 가면 당연히 짧은 아이언으로 공을 위험한 지역에서 빼내야 한다고 알지만 페어웨이에서는 그렇게 생각하지 않는다. 자신의 공이 페어웨이에 떨어지면 대부분은 자신에게 찬스가 왔다고 생각한다. 그래서 긴 클럽을 사용해도 그린까지 가는 데 별 문제가 없을 것으로 자신한다. 하지만 당신의 기억을 떠올려보라. 긴 클럽을 사용해서 그린에 공을 제대로 올릴 확률이 얼마나 됐는지. 설령 긴 클럽이 잘 맞아 그린에 올라갔다고 해도 홀과 매우 멀어지거나 그린을 오버하는 경우가 많다. 어디 그뿐인가. 긴 클럽을 빼들면 공은 어김없이 그린 주변 벙커나 스탠스를 취하기 고약한 라이로 향할 때가 빈번하다. 긴 클럽을 사용하면 위험한 상황에 처할 확률이 매우 높다. 골프장 그린 주변에는 벙커, OB, 해저드 등이 도사리고 있다. 게다가 아마추어들은 그린이 어떻게 생겼는지도 전혀 모르는 상태에서 무조건 그린 위에 공을 올리려고만 한다. 지금부터라도 자신이 긴 클럽을 사용했을 때 어떤 일이 벌어지는지를 한 번 생각해보기 바란다. 라운드를 하면서 그린까지 얼마 남았을 때 어떤 클럽을 써서 어떤 결과가 나왔는지 기록해보라. 짧은 아이언으로 그린을 공략하는 프로들의 그린 적중률은 60% 안팎이다. 긴 아이언으로 그린을 공략하는 아마추어들의 그린 적중률은 10%가 채 안 될 것이다. 이제 우리는 의문을 던져봐야 한다. 페어웨이에서 세컨드샷 용도로 긴 클럽을 계속 써야 할 것인지, 말 것인지.

그렇다면 골프클럽 7~8개는 무엇으로 구성해야 할까. 우선 티샷용으로 드라이버를 챙기도록 하자. 드라이버가 신기하게도 안 맞는 골퍼들이 있는 것이 사실이다. 물론 그 사람들은 드라이버 대신 다른 것을 택해도 상관없다. 드라이버가 맞지 않는다면 티샷 전용으로 페어웨이우드만 가지고 다니는 것이다. 다음으로 페어웨이우드나 하이브리드클럽을 한 개 정도 챙긴다. 나머지는 모두 빼버리도록 하자. 우드나 하이브리드클럽이 잘 맞았을 경우 거리를 내기에 용이하다는 점은 사실이지만 아마추어에게는 득보다 실이 많은 클럽이다. 클럽 수입 회사에는 미안한 얘기지만 이런 클럽들은 시장에서 그만 팔려야 한다.

롱아이언 가운데 5번 아이언 정도를 택해보자. 이 아이언의 용도는 단순한 거리를 내기 위한 클럽이 아니다. 다양한 용도로 활용 가능하다. 예를 들어 공이 디보트홀에 들어갔을 경우 공을 우측에 놓고 5번 아이언으로 짧게 끊어 치는 샷을 구사하면 뒤땅치기를 면할 수 있다. 또 바로 앞에 나무가 가로막아 낮은 탄도의 샷을 할 때도 5번 아이언이 사용된다. 이렇게 긴 클럽은 드라이버와 페어웨이우드나 하이브리드클럽 한 개, 5번 아이언 등 세 개만 있으면 된다. 우드나 하이브리드가 맞지 않으면 선택하지 않아도 된다.

이어 7번 아이언은 가장 많은 샷을 하기 위한 주무기 클럽이다. 7번 아이언은 모든 클럽의 중간 정도로 여겨진다. 모든 스윙은 7번 아이언에 맞추는 것이 좋다. 다음으로 8번 아이언 정도를 추가할 수 있다. 8번 아이언은 그린 주변에서 굴려 치는 용도로도 활용이 가능하다. 다음은 피칭웨지와 샌드웨지다. 이 두 개의 클럽으로 모든 쇼트게임은 충분히 소화할 수 있다. 그 이상의 클럽은 과신이고 욕심이다. 마지막으로 퍼터를 추가하면 7~8개의 클럽 구성은 완료된다.

7 두 번째 샷은 7번 아이언으로 하라

아마추어 골퍼들이 티샷한 다음 7번 아이언으로 두 번째 샷을 하면 실수를 줄일 수 있을 것이다. 미스를 줄이면 무엇보다 심리적인 안정감을 가질 수 있다. 흔들릴 소지를 미연에 방지하는 셈이다. 아마추어 골퍼들은 샷을 하면 할수록 실수가 늘어나는 경향이 있다. 파5홀에서 스코어가 좋지 않은 이유도 연속해서 서너 차례의 샷을 잘하기가 쉽지 않기 때문이다. 실수를 줄이는 방법은 손에 익고 친숙한 클럽을 자주 쓰는 것 뿐이다. 자신에게 익숙하지 않고 힘이 들어가는 긴 클럽을 사용하면 실수 확률이 매우 높아진다.

7번 아이언은 모든 클럽의 중간에 해당하는 클럽이다. 스윙할 때 가장 스탠더드한 기준점이다. 보통 연습할 때 드라이버 같은 긴 클럽을 친 다음에는 반드시 7번 아이언으로 스윙해주는 것이 좋다. 긴 클럽을 스윙하고 난 뒤 중간 단계 길이의 클럽으로 스윙을 해야 스윙의 변형도 예방하고 감각을 유지하는 데 도움이 된다. 마찬가지로 웨지샷 연습을 하고 나면 역시 7번 아이언으로 스윙을 하면 좋다. 아마추어 골퍼가 7번 아이언보다 긴 클럽을 잘 친다는 것은 이치상 매우 어렵다. 6번 아이언부터 잘 칠 확률이 현저히 떨어지기 시작한다. 7번 아이언으로 치면 그린까지는 바로 올라갈 수 없을지 모른다. 그러나 분명한 것은 당신이 7번 아이언을 치면 큰 실수를 하지 않게 된다는 사실이다. 즉 두 번째 샷 다음에 오는 위험을 피할 가능성이 높아진다. 게다가 세 번째 샷을 하기 좋은 곳, 그린 공략을 하기 좋은 곳으로 공을 보내면 금상첨화다. 그린에 바로 공을 올리지 않고 한 번 더 거치는 곳이 분명 손해처럼 보인다. 하지만 이런 공략 방법은 의외로 효율적이고 당신의 스코어를 낮춰주는 역할을 해낼 것이다.

티샷 다음에 7번 아이언으로 세컨드샷을 하겠다고 마음먹으면 어려운 홀을 만날수록 더욱 좋다. 아마추어 골퍼들에게 어려운 홀은 최소한 400야드가 넘는 긴 홀이다. 골프장의 핸디캡 1, 2번 홀은 대부분 400야드가 넘는 파4홀이다. 이런 홀이 어려운 이유는 '2온'이 쉽지 않기 때문이다. 대부분의 아마추어들은 티샷 다음 페어웨이우드나 하이브리드클럽으로 멋지게 '2온' 하는 것을 상상한다. 만약 티샷이 예상보다 덜 나갔을 경우 거리를 만회하려는 욕심에 페어웨이우드나 하이브리드클럽을 빼든다. 이런 경우 어떤 일이 벌어질까. 기업들의 홍보에 익숙하게 길들여진 골퍼들은 우드나 하이브리드클럽이 잘 맞을 듯하다거나 치기에 편하다는 착각을 하고 있다. 그러나 우드나 하이브리드클럽이 잘 맞을 확률은 매우 낮다. 200야드 이상 나가는 클럽이 정확성까지 담보한다는 것은 지나친 과신이다. 400야드가 넘는 홀이 어려운 이유는 그린 주변에 벙커나 러프 등 '함정'까지 함께 조성해놓았기 때문이다. 긴 홀일수록 이런 코스 조성의 경향이 뚜렷하다. 장타 욕심을 내다 실패할 경우 반드시 골퍼로 하여금 대가를 치르게 하는 것은 코스 설계가들이 가장 애용하는 원칙 가운데 하나다.

세컨드샷 지점에서 200야드가 넘게 남은 홀인데 7번 아이언을 치면 아마도 제 정신이 아닌 것처럼 보일 수 있다. 그러나 정말 미친 척하고 쳐봐라. 7번 아이언은 분명히 긴 클럽보다 미스 확률이 낮다. 설령 실수가 난다고 해도 공이 좌우로 심하게 치우치지 않는다. 아닌 말로 굴러서

가듯이 '시동 끄고도 한참 간다'. 그런 다음 공이 있는 곳으로 가보라. 당신의 생각보다 훨씬 더 그린과 가까워져 있는 것을 발견하게 된다. 특히 벙커나 러프 등 위험 지역까지 피하게 된다. 당신은 이제 세 번째 어프로치샷으로 파 찬스를 만들 수 있다. 아니면 무난하게 보기로 홀을 마무리하는 기회를 잡을 수 있다. 긴 클럽을 사용해 벙커에 빠지면 최선이 보기이고 더블보기 이상을 각오해야 하기 때문이다.

8 '레귤러온'의 환상에서 벗어나라

아마추어 골퍼들은 코스 공략에 대해 다시 한 번 진지하게 생각해볼 필요가 있다. 프로들처럼 티샷이 길게 나가고 짧은 아이언으로 온그린을 시킬 수 있다면 좋겠지만 현실은 그리 녹록지 않다. 라운드할 때 '레귤러온'(파3홀에서는 한 번 만에, 파4홀에서 두 번 만에, 파5홀에서는 세 번 만에 그린에 공을 올리는 것)을 몇 차례 기록하는지 한 번 생각해보라. 아마 당신은 18개 홀 내내 '레귤러온'을 시도할 것이다. 그러나 결과는 정말 실망스러울 것이다. 평균 드라이버샷 거리가 200~230야드 정도 나가는 평균적인 아마추어 골퍼가 도달할 수 있는 최선의 골프 실력은 80타대 초반이다. 이 정도 수준급 아마추어 골퍼들이 정상적으로 그린에 공을 올리는 횟수는 5회 안팎이다. 매 홀 온그린하고 싶지만 안타깝게도 그럴 확률은 30%에도 미치지 못 한다. 기량을 고르게 갖춘 아마추어 골퍼들이 '레귤러온' 하는 확률이 30% 정로라면 90타 안팎이나 100타 안

밖의 골퍼들은 사실상 10번을 쳐서 한두 번밖에 되지 않는다. 이런 확률에서 매 홀 '레귤러온'을 목표로 샷한다는 것은 바람직하지 않다.

왜 이렇게 '레귤러온' 확률이 낮은 걸까. 그건 아마추어 골퍼들의 샷이 일관되지 못한 것도 원인이겠지만 긴 클럽으로 온그린을 시도하기 때문이다. 거리가 짧은 아마추어가 '레귤러온'을 하기 위해서는 롱아이언이나 우드, 하이브리드클럽에 의지할 수밖에 없다. 그러나 긴 클럽은 온그린 확률을 현저히 떨어뜨릴 뿐 아니라 그 다음 샷마저 위험에 빠뜨릴 가능성이 높다. 온그린 확률이 10~20%에 불과한 상황에서 거의 매번 그린 주변에서 어프로치샷을 해야 하는 상태로 이어진다면 좀 더 안전한 곳에서 이를 시도하는 것이 현명한 선택일 것이다. 이는 긴 클럽보다 7번 아이언 이하의 짧은 아이언을 선택해 실수를 최소화하는 전략이 해법이 될 수 있다. 긴 클럽 사용을 자제하는 한 가지 방법은 골프백에서 이들을 아예 빼버리는 것이다.

아마추어 골퍼가 프로 골퍼와 같거나 비슷한 코스 공략을 펼친다는 것은 무모함 그 자체다. 프로와 아마추어 골퍼는 거리와 정확성에서 비교하기 힘들 정도로 엄청난 차이를 드러낸다. 샷의 일관성이나 어프로치샷, 쇼트게임 등에서 차원이 다르다. 기본적으로 프로들은 코스를 공략할 때 '버디 찬스'를 만들려고 노력한다. 그들이 기록하는 파는 대부분 버디를 하려다 실패한 스코어다. 파를 세이브하기에 급급한 프로는 사실상 경쟁력이 없다고 볼 수 있다.

그렇다면 아마추어는 어떤가. 아마추어가 '버디 찬스'를 만든다는 것은 한 라운드에 한두 차례에 불과할 정도로 희귀하다. 그마저도 운이 좋거나 우연찮게 찾아오는 정도다. 아마추어 골퍼들은 '버디 찬스'가 아니라 '파 찬스'를 만들어야 한다. 프로들이 버디를 놓쳐 파를 기록하듯이 아마추어는 파를 미스해 보기를 기록하는 골프가 돼야 한다. 파4홀에서 무리하게 '2온'을 시도해 버디 찬스를 만들려 하지 말고 안전한 '3온' 작전으로 파 찬스를 만드는 것이 현명한 코스 공략이라는 얘기다. '3온 작전'의 최대 걸림돌은 역시 무리한 욕심이다. 이 욕심을 제거해야만 하다. 긴 클럽을 골프백에 가지고 다니면 당신은 그 클럽을 쓰지 않고는 배길 수 없다. 파5홀에서 티샷이 기가 막히게 맞아 페어웨이에 안착했을 때 당신은 긴 클럽을 들고 있게 될 것이다. 결국 두 번째 샷에서 당신의 미스 확률은 높아지고 '3온'의 욕심은 '5온', '6온'으로 변해버린다. 이처럼 긴 클럽은 당신의 골프를 위기에 빠뜨릴 수 있다. 아울러 이 클럽, 저 클럽을 다양하게 사용하기보다는 몇 개의 클럽을 선정해 반복적으로 쓰는 것이 당신에게 새로운 골프의 세계를 열어줄 수 있다.

9 좋은 클럽에 대한 환상

나에게 딱 맞는 좋은 클럽이라는 것이 있을까. 예전에 박세리가 한창 잘 나갈 때 드라이버로 고생을 한 적이 있다. 당시 박세리는 T사의 드라이버를 사용했는데 너무 잘 맞았다. 그런데 이 드라이버 헤드에 금이 가면서 새로운 드라이버를 받았는데 예전의 감이 나오지 않았다. 박세리가 만족할 때까지 T사는 계속 드라이버를 공급했지만 처음에 잘 맞았던 똑같은 드라이버를 더 이상 발견하지 못했다. 그래서 당시 박세리는 금이 간 드라이버를 갖고 대회에 출전하기도 했다.

골퍼들에게 골프클럽이라는 것은 도구에 불과하다. 자신을 과시하는 것도 아니고 기량을 높여주는 것도 아니다. 공이 잘 안 맞을 때 클럽이 원인이 될 수 있는 소지는 거의 없다고 보면 된다. 골프클럽에 대한 지나친 믿음과 신뢰는 아마추어 골퍼들에게 악영향을 미칠 수 있다. 특히 새 클럽을 갖추면 골프 실력이 향상되리라고 믿는 것은 더욱 그렇다. 언젠가 TV를 통해 김연아 선수가 새 스케이트 신발로 인해 발목 부상을 당했다는 보도를 접한 바 있다. 세계 정상의 스케이팅 선수에게 스케이트화는 가장 중요한 도구임에 틀림없다. 김연아는 아마 그동안 자신이 애용하던 제품 가운데 가장 질 좋은 것을 사용했을 것이다. 그런데도 김연아의 발목에 부상을 줄 정도의 문제를 가져올 수 있었다는 얘기다. 미국 시장 점유율 1위를 달리던 도요타 자동차가 브레이크 문제로 수백만 대의 차량에 대해 리콜을 선언한 것만 봐도 현실 세계에서 만들어진 제품이라는 것이 얼마나 불완전한 것인가를 보여준다. 자동차에서 브레이크라는 것은 인간의 생명과 직결되기 때문에 대충 만드는 제품이 아닐 것이다. 이런 제품에도 하자가 생길 정도이니 제품에 대한 맹목적인 추종이 얼마나 부질없는지 새삼 느끼게 된다.

골프클럽은 지금까지 고도의 기술이 집약된 것처럼 '포지셔닝'을 잘해왔다. 항공기 소재를 사용하고 이름도 생소한 기술들을 홍보하면서 마치 상상 속의 클럽처럼 대접을 받아왔다. 클럽으로 부족한 실력을 커버할 수 있다면 누군들 골프를 못 치겠는가. 새 클럽에 대한 환상을 깨야 한다. 좋은 클럽이라는 것도 존재하지 않는다. 클럽이 자신과 맞을까, 안 맞을까 고민하는 것도 선입견이다. 새로운 클럽에 돈과 공을 들이는 것은 다시 한 번 생각해봐야 한다. 그나마 요즘은 인터넷 등을 통해 가격이 공개되면서 소비자 가격이 비교적 낮아질 수 있었다. 외국에서 물건을 수입해 일정 액수의 매출 목표를 세워야 생존하는 클럽 수입 업체들로서는 과거에 비해 영업하기가 상당히 힘들어진 것이 사실이다. 클럽은 기술 및 신소재 개발이 한계에 부딪혀 더 이상 진전된 제품이 나오지 못하는 실정이다. 캘러웨이나 테일러메이드, 타이틀리스트, 나이키 등 미국의 메이저 클럽메이커들이 미국골프협회, 영국왕립골프협회와 은밀한 거래를 통해 클럽 규제에 관한 룰을 바꾸지 않는 한 새롭게 출시되는 클럽들은 최소한 5년 전 클럽과 별반 다를 게 없다.

  클럽 수입 업체에는 미안하지만 골퍼들로서는 이제 클럽메이커들의 배만 불리는 행위를 그만둬야 한다. 별로 나아진 내용이 없는 클럽을 해마다 교체해가면서 골프를 한다는 것은 어리석은 행동이다. 골프클럽을 교체하는 대신 자전거나 등산, 조깅 장비 등을 구입해서 운동하는 것이 즐거운 골프를 위해서는 효율적으로 더 큰 도움을 줄 수 있을 것이다. 이제는 가격 대비 과도하게 비효율적인 행동을 그만둘 때가 됐다. 골퍼들 스스로 더 이상 호구가 되어서는 안 된다.

[믿지 못할 클럽메이커들]

골퍼들은 프로 대회에서 유명 프로가 사용하는 클럽을 선호하는 경향이 있다. 타이거 우즈가 오래 전부터 사용해온 나이키 클럽이나 소렌스탐이 애용하던 캘러웨이 클럽에 끌리는 것이다. 그 클럽을 쓰면 우즈나 소렌스탐처럼 멋진 샷을 날릴 수 있을 것만 같기 때문이다. 클럽메이커들이 유명 프로들에게 제작해주는 골프클럽은 시중에서 파는 클럽과 완벽히 다르다. 아마추어 골퍼들이 쓰는 사양과 같은 것이 하나도 없다. 껍데기만 같을 뿐이다. 그런데 클럽메이커들은 프로들이 쓰는 제품과 똑같은 클럽이라는 착각을 갖도록 아마추어들에게 홍보한다. 제품을 많이 팔아야 수익이 남는 클럽메이커들의 처지에서 아마추어 골퍼들의 마음을 사로잡아야 하는 것은 당연한 이치다. 그래서 이들이 아마추어 골퍼들을 잡기 위해 노력을 기울이는 것은 사실이다. 좀 더 치기 쉬운 클럽을 선보이기 위해 연구에 심혈을 기울이기도 한다. 하지만 그들의 연구라는 것이 어떤 때는 '과연 이 정도밖에 못하나' 싶을 때가 있다.

드라이버를 예로 들어보자. 드라이버를 지면에 반듯하게 대보면 드라이버 헤드가 왼쪽으로 과도하게 꺾인 것을 발견하게 될 것이다. 왜 이런 모습을 하게 됐을까. 그건 다름 아니라 아마추어 골퍼들이 슬라이스를 낼 확률이 높기 때문이다. 슬라이스가 많이 난다고 드라이버 헤드를 왼쪽으로 '확' 꺾은 클럽을 내놓은 것이다. 그런데 정말 그 클럽이 슬라이스를 막아줄까. 필자가 보기에는 아니다. 오히려 그런 헤드는 더욱더 슬라이스 발생 가능성을 높인다. 드라이버헤드 면적을 넓혀 '스위트 스폿'의 범위를 확대했다는 것도 믿을 수 없는 말이다. 헤드 어디를 맞아도 거리 손실이 없다고 하는데 그런 드라이버를 본 적이 없다. 저중심 설계를 해 공이 높이 뜨게 만들었다고 하는데 이것도 진실은 아니다. 개인의 스윙에 따라 공이 높거나 낮게 날아갈 뿐이다. 클럽을 사러 가면 골퍼에게 적합한 클럽을 선택해준다며 드라이버 거리와 헤드스피드 등을 측정한다.

이런 과정이 과연 골퍼에게 도움이 될까. 도움이 되는 결과가 나온다고 해도 사실 클럽메이커들이 내놓는 클럽은 대부분 거기에서 거기다. 선택의 폭이 별로 없다는 얘기다. 최근 들어 클럽메이커들이 '맞춤 클럽' 쪽으로 방향을 틀고 있지만 아직도 미개한 수준이다. 국내 골퍼들은 미국과 일본의 '메이저 브랜드'에 현혹돼 엄청난 돈을 그들에게 바쳐왔다. 이제는 더 이상 속지 말자. 클럽을 자주 바꾸지 말라. 그 클럽이 그 클럽이다. 몇 년을 써도 아무 문제없다. 수입 클럽 회사들이 거의 문을 닫을 지경이 되도록 '자린고비'처럼 클럽을 오래오래 쓰기 바란다.

10 클럽메이커의 마케팅에 현혹되지 말라

아마추어 골퍼들이 골프클럽을 구입하는 대표적인 이유는 새 클럽에 대한 기대감 때문이다. 새 클럽이 현재보다 거리를 늘려줄 것이라는 믿음이 크기 때문이다. 새 클럽이 거리를 늘려준다는 것은 새로운 옷을 입으면 키가 커진다는 말처럼 현실성 없는 얘기다. 클럽메이커들은 그동안 새 골프클럽을 출시할 때마다 이전 클럽보다 10~20야드 거리가 늘어났다는 것에 모든 마케팅의 초점을 맞춰왔다. 이런 마케팅 전략으로 인해 새 클럽이 거리를 늘려준다는 고정된 관념을 심어주게 됐다. 클럽메이커들은 새 클럽이 거리를 늘려주는 이유의 근거로서 클럽에 적용된

신기술을 홍보한다. 헤드의 페이스면을 얇게 해서 반발력을 높였다거나 헤드의 무게 중심을 낮게 해 공이 잘 뜨게 하고, 공이 최대로 날아갈 수 있는 유효 타구면을 확대했다는 것 등이 모두 거리 증대를 뒷받침하는 이론이다. 심지어 헤드 내부를 분해에 클럽 구조를 보여주고, 그 내부에 '웨이트바'를 어떻게 설치했는가 등등을 그림으로 보여주며 홍보에 열을 올린다.

그동안 우리는 클럽메이커들을 대하면서 가장 중요한 부분을 간과해 왔다. 클럽메이커들은 이익을 추구하는 사업체라는 것이다. 즉 이들의 목적은 골퍼들의 기량 향상보다 자신들의 수익 극대화가 더 중요하다는 얘기다. 이런 클럽메이커들을 우리는 맹목적으로 믿어왔다. 새 클럽이 나오면 기꺼이 지갑을 열어 장만하는 열성을 보였다. 그러나 이들이 골퍼들에게 돌려준 것은 아무것도 없다. 골프 발전을 위한 선수 후원과 대회 개최 비용도 모두 골퍼들에게 전가해서 가져갔다. 골프클럽에서 아직 아무도 건드리지 못하고 있는 것이 클럽 스펙의 정확성이다. 클럽메이커들이 클럽에 기록한 무게, 로프트, 라이 각 등이 정말 제대로 맞는지 확인이 필요하다. 같은 클럽끼리도 기준이 다를 가능성이 높고 다른 회사들끼리는 같은 것이 없다. 선수들이 새 클럽으로 바꿀 때 클럽메이커들은 특별히 그 선수에 맞춰 클럽을 제작해준다. 그런 클럽도 프로들은 자신과 맞을 때까지 몇 차례 테스트를 거친다. 아마추어들이 클럽에 대해 갖고 있는 믿음이 얼마나 허망한 것인지 알아야 한다.

6

레슨 바로 세우기

1 검증되지 않은 레슨의 폐해

필자는 골프 실력이 어느 정도 안정기에 접어들 무렵 연습장의 한 코치에게 집중적으로 레슨을 받은 적이 있다. 그에게는 정식 프로 자격증이 없었다. 말로는 모 사설 단체의 프로테스트를 통과했으나 이론 교육에 참석하지 않았다고 했다. 당시만 해도 필자는 레슨코치가 투어프로처럼 골프를 잘 쳐야 하는 것은 아니라는 생각이 있었다. 실제로 프로들 가운데서도 아마추어들에게 조언을 듣는 경우가 있다. 미국에서 활약하는 LPGA투어 선수의 아버지들 역시 아마추어다. 그래도 그 누구보다 딸들의 장단점을 잘 알기 때문에 어떤 레슨코치보다 잘 지도한다. 박세리도 전담 레슨코치를 두었지만 결정적인 것은 아버지 박준철 씨의 조언을 들었다.

다시 내 얘기로 돌아와서, 그 연습장의 코치는 의도적으로 필자에게 접근해왔다. 필자와 친해진 후 신문에 자신의 레슨 칼럼을 싣고 싶은 욕심에서였다. 필자는 그를 검증해보기로 했다. 한 단계 골프 실력을 끌어올리고 싶은 필자의 욕심도 곁들여져서 겨울철 동계 훈련을 거의 함께 하다시피 했다. 그 코치는 골프 이론에 상당히 해박한 지식을 갖고 있었다. 독학으로 물리학, 의학 등을 공부해 골프 이론에 접목시키기도 했고 나름대로 레슨을 연구해 뚜렷한 철학을 갖고 있었다. 필자는 그 코치를 믿고 스윙의 중요한 이미지를 교정했다. 특히 거리를 늘리고 싶은 욕심에 이를 집중적으로 연마했다. 처음에는 잘 안 됐지만 잘 맞을 때는 평소 거리보다 30야드 더 나가는 것 같아 아주 만족스러웠다. 그렇게 연습장에서 3개월가량 맹훈련을 마치고 2월경 첫 라운드를 함께 나갔다. 필자는 가슴이 부풀어 올랐다. '아, 이제 나도 드디어 장타자의 대열에 들어서 70타대를 식은 죽 먹듯이 치겠구나.' 떨리는 마음과 부푼 기대 속에서 드디어 라운드를 시작했다.

그런데 첫 티샷이 '픽' 하더니 우측으로 밀리며 OB가 났다. 처음이라 그렇겠지 하는 생각을 하며 계속 쳐보기로 했다. 하지만 웬일인지 드라이버 스윙이 제대로 되지를 않았다. 이리저리 픽픽, 도무지 맞질 않는 것이었다. 그런데 더 황당한 것은 그 코치였다. 이 사람도 치는 샷마다 거의 슬라이스가 나고 똑바로 가는 드라이버가 별로 없는 것이 아닌가! 연습장이 그리 크지 않다 보니 잘 몰랐던 사실이 필드에 서니 확연히 드러났다. 그 코치는 그때부터 정상적인 라운드는 피하면서 장타를 한 번 쳐보겠다는 둥, 저기로 한 번 쳐보겠다는 둥 이리저리 회피하면서 라운드에 집중하지 않았다. 심지어 퍼팅도 안 하겠다면서 그린에서는 공을 그냥 툭 쳐버렸다. 지난 겨울 연습을 시작하기 전만 해도 그 코치 왈 "70타대 치는 것은 일도 아니다. 난 골프 이론을 완벽히 이해하기 때문에 몇 달에 한 번 나가도 70타대를 쉽게 칠 수 있다"라고 호언장담을 하던 터였다. '겨울철이고 그러니 그럴 수 있겠지' 하고 얼마 있다가 다시 라운드를 함께 나갔다. 하지만 그 코치의 실력은 그대로였다. 필자가 보기에 제대로 스코어를 기록하면 90타 중반 정도 실력의 소유자인 듯했다. 필자 역시 그토록 잘 맞던 드라이버가 완전히 망가져 있었다. 어떻게 손을 볼 수 없었다. 그 뒤로는 그 코치와 인연을 끊었다. 겨우내 돈과 시간을 들여가며 그토록 훈련했는데 너무 어이가 없었다. 마침 김종덕 프로가 한국에 들어와 잠시 만날 기회가 있어 스윙을 해보게 됐다. 김 프로는 그전에도 내 스윙을 본 적이 있었고 그때마다 "스윙에 대해서는 큰 걱정 말라" 하며 격려해주었다. 그러나 당시의 스윙을 본 김 프로는 "아니, 스윙이 왜 이렇게 된 거야. 완전히 망가졌네"라면서 놀랐다. 절망적인 순간이 아닐 수 없었다. 필자 기억으로 당시 드라이버샷 거리를 늘린다고 손목을 과도하게 사용하던 기억이 난다. 이후 스윙을 되찾는 데 꽤 오랜 시간이 걸렸다. 너무도 중요한 시기에 절대로 받아서는 안 될 레슨을 받은 것이다.

나중에 보니 그 코치가 어떤 골프 잡지에 기고하는 글을 보았다. 당시 경험으로 인해 검증되지 않은 사람의 레슨을 받는 것이 얼마나 무모하고 위험한지를 뼈저리게 깨달았기에 쓴웃음을 감출 수 없었다.

2 위험한 레슨

 가수 최백호 씨는 연예인들 사이에서 알아주는 골프 고수다. 예전에 그를 만나 인터뷰할 때 그가 이런 말을 한 적이 있다. "한창 골프 실력이 좋은 시절이 있었어요. 당시 골프장에 나가기만 하면 70타대 초반을 기록하고 감이 좋은 날에는 언더파도 쳤지요. 그러던 어느 날 연습장에 갔는데, 레슨프로가 손목 코킹을 조금만 더 해보라고 해서 이를 집중적으로 연마했습니다. 그런데 그 순간부터 골프가 안 되면서 80타대 중후반으로 실력이 퇴보해버렸어요. 당시 왜 그런 연습을 했는지 지금도 모르겠습니다"라고 말했다.

 골프를 치다 보면 감이 좋은 시기가 있다. 드라이버샷도 자신 있고 아이언샷도 원하는 대로 잘된다. 퍼팅만 잘 받쳐주면 70타대뿐 아니라 금방이라도 언더파를 칠 것만 같다. 이럴 때는 스윙이 좋아지기보다는 나빠질 가능성이 더 많아진다. 워낙 잘 맞으면 골퍼들은 대부분 욕심을 내기 마련이다. 조금만 더 연습하면 프로 못잖은 실력을 갖출 수 있을 것만 같기 때문이다. 이때부터 문제가 생기기 시작한다. 골프에서는 잘 맞는 시기가 오면 반드시 안 맞는 시기가 기다리고 있음을 알아야 한다. 프로골퍼들도 감이 너무 좋을 때 우승을 하는 등 펄펄 날지만 얼마 지나면 신통치 못한 성적을 내면서 부진한 모습을 보인다. 누구나 실력의 부침이 있기 마련이다. 심지어 감이 너무 좋을 때는 레슨을 받아도 망가진다. 최백호 씨의 사례가 이를 증명한다.

 감이 좋을 때 무엇을 바꾼다는 것은 매우 위험한 발상이다. 아마추어 골퍼는 누구나 단점을 갖고 있기 마련이다. 누구라도 교과서적인 정석에 맞춰 레슨을 한다면 교정을 피할 수 없다. 감이 좋을 때는 다른 것을 배우려 하지 말고 차라리 주변 친구들에게 비디오카메라로 스윙을 찍어달라고 하는 것은 어떨까. 그래서 잘 안 맞는 시기가 오면 비디오를 재생해서 살펴보면서 전성기 시절의 스윙과 리듬에서 어떤 차이가 있는지 비교하면 좋을 것이다. 레슨이 무조건 좋다고 할 수 없다. 골프를 완전히 망가뜨릴 수도 있는 위험한 레슨을 받을 수 있기 때문이다. 자기 스윙은 항상 스스로 생각하고 분석하는 습관을 가져야 한다. 레슨프로의 말은 참고하되 자신에게 맞는 골프는 본인이 결정해야 한다.

3 무식해서 무모한 레슨

레슨코치들이 자신들의 레슨에 지나치게 경도될 경우 어떠한 일이 벌어질까. 오래 전 미국에서 클래스A를 받았다고 국내 언론에 크게 소개된 사람이 있었다. 그 사람은 이러한 기사를 토대로 국내에서 일약 스타로 부상했다. 여러 언론에 자신의 레슨을 연재하고 비싼 레슨비를 받고 여기저기 초청받아 레슨을 하는 등 귀한 몸이 되었다. 입국 초창기부터 그를 접한 필자는, 그 사람이 자신의 레슨이라고 주장하지만 사실은 어떤 책을 토대로 레슨을 한다는 얘기를 주변 사람으로부터 듣게 되었다. 결국은 남에게서 빌려온 것을 가지고 레슨을 하는 셈이었다. '창조는 모방의 어머니' 이므로 그건 그럴 수 있다고 치자.

당시만 해도 미국에서 클래스A를 받았다면 모두들 존경하던 시절이었으니 그 사람에 대한 반론을 제기할 수 없을뿐더러 그의 레슨이 올바른지, 그른지 비판할 만한 능력을 갖춘 사람도 없었다. 그 사람과 관련된 유명한 일화가 있다. 언론을 잘 활용한 덕에 국내에서 꽤 알려진 그 사람은 프로대회 프로암에도 참석할 정도로 유명 인사가 됐다. 한 프로암에 참석했을 때 그 앞에서 누군가가 공을 치는데 자신이 신봉하는 레슨에 어긋난 스윙을 하고 있었던 것. 그는 너무도 당당하게 앞사람에게 다가가 "제가 레슨을 좀 해드릴까요?"라고 했단다. 그러나 그는 다름 아닌 일본 프로골프투어에서 활약하던 김종덕 프로였다. 김종덕 프로는 당시 국내에서 최경주 프로와 어깨를 나란히 하는 당대 최고의 프로골퍼였다. 그 사람은 미국에서 오래 생활한 탓에 김종덕 프로를 몰랐던 것이다. 옆에 있던 사람들이 "저 사람이 그 유명한 김종덕 프로"라고 귀띔을 해주자 그가 잠시 멈칫하더니 "그러면 어때요. 레슨 못할 거 없잖아요"라고 말했다고 한다. 참 어이없는 대목이다. 자신의 방법만이 모든 골프에서 정석이라고 착각하는 데서 온 태도인 듯하다. 김종덕 프로마저 레슨 대상으로 생각하던 그 사람은 골프를 너무 못 친다는 소문이 나면서 더 이상의 두드러진 활약을 못하고 있다.

  '무식하면 용감하다'는 말이 있다. 너무 모르면 자신이 알고 있는 주먹만한 지식을 가지고 전체를 이해하는 듯 떠들게 된다. 국내 골프계에서는 그동안 그런 일이 너무 많았다. 제대로 된 사람이 존경을 받고 대중들의 지지를 받는 것이 아니라 언론에 등장하면 특별한 인물이 되는 경우가 너무 많다. 물론 우리네 인생 주변도 그런 일이 비일비재하지만.

4 지갑과 영혼을 어지럽히는 레슨

지난해 미국 캘리포니아 주 샌디에이고 타이틀리스트 본사에서 운영하는 '보디피팅연구소' 설립자 그레그 로즈를 취재한 적이 있다. 평소 골프는 스윙 연습보다 체력 훈련 등을 통해 위기를 극복해야 한다고 생각하던 필자는 '보디피팅'의 선구자인 로즈 박사를 만나 여러 의견을 듣고 싶었다. 로즈 박사의 주장은 골프를 잘 치기 위해서는 사람 몸의 연약한 부분을 강화하는 훈련을 해야 한다는 것이었다. 국내에서도 그의 이론을 배우고 온 사람들이 꽤 있다.

쉽게 말하면 그의 이론은 왼발을 잘 버텨주지 못하는 사람의 경우 이를 강화하기 위한 훈련을 해야 골프에 도움이 된다는 것이다. 기존의 레슨이 스윙에만 집중하는 반면 로즈 박사는 보디피팅 훈련에 초점을 맞추고 있다는 점에서 필자의 관심을 끌기에 충분했다. 국내에는 '잘못된 스윙 12가지'를 교정하는 훈련 방법으로 간간히 언론에 소개되기도 했다.

그런데 필자가 만나보니 로즈 박사는 골프를 잘 알지 못 했다. 의사 출신이라 골프와 체력 훈련을 의학적으로 접목시켜 상업적으로는 성공했을지 모르지만 골프 전문가로 보기 어려웠다. 그는 언론 인터뷰에 익숙해 있는지 필자와의 인터뷰 과정에서 '보디피팅을 제대로 하면 누구나 300야드를 칠 수 있다'는 솔깃한 말을 자주 했다. 필자는 그 말을 듣고 이 사람도 여느 '레슨 도우미'와 다를 게 없구나..라는 생각을 했다. 수만 명 중에 불과 몇 사람 정도만이 성공 가능한 확률을 갖고 이론

레슨 바로 세우기

으로 정립하면 안 된다. 미국의 의사 출신인데다 타이틀리스트라는 메이저 클럽메이커와 함께 일하면서 PGA투어의 유명 프로들의 '보디 피팅'을 맡고 있다는 화려한 경력에 나도 모르게 압도돼 하마터면 그의 이론을 신봉할 뻔했으나 그의 이론은 그냥 참고만 하면 되는 수준이었다.

미국에서 레슨을 배우고 돌아온 사람들이 자신이 배운 이론이 최고인 양 국내에서 떠들고 다니던 시절이 있었다. 그들은 레슨비도 비싸게 받으면서 아마추어 골퍼들의 '지갑과 영혼'을 어지럽혔다. 그러나 지나고 보니 이들의 레슨은 새로울 것도 없고 이전의 것들과 그다지 다를 것도 없는 또 하나의 레슨에 지나지 않았다. 이제는 우리도 '뻥'에 가까운 수준의 레슨 이론에 더 이상 흔들리지 말아야 한다. 한계를 무시하고 제시하는 골프 이론은 차라리 듣지 않는 편이 낫다.

필자가 국내 연습장에 '불량 레슨'이 넘쳐난다고 지적하니, 여기저기에서 입에 담지 못할 욕을 해대는 경우가 있었다. 레슨을 하는 사람인데 자신을 찾아오라고 말하는 사람도 있었다. 또는 자기는 정말 레슨에 자신이 있다고 주장하기도 했다. 그러나 필자는 제대로 된 레슨 도우미라면 누구에게라도 '나에게 오면 싱글을 만들어주겠다'라는 등의 달콤한 말로 골퍼를 유혹해서도 안 되고 스스로 자만해서도 안 된다고 생각한다.

5 모든 걸 뜯어고치려는 레슨은 피하라

예전에 미국 LPGA투어에서 뛰고 있는 김영 프로가 레슨프로를 잘못 만나 고생한 경험담을 들려준 적이 있다. 미국 LPGA투어 생활을 하면서 여러 사람에게 레슨을 받았는데, 레슨프로의 민감한 지적에 샷이 망가진 적도 있고, 너무 많은 것을 뜯어고치려는 레슨프로를 만나 고생한 적도 있다고 고백했다. 어쨌든 이러저러한 레슨을 많이 받다 보니 나름대로 스윙에 대한 견해가 생기고, 어떤 레슨프로가 자신과 어울리는지를 알 수 있는 시각도 갖게 되었다고 한다. '아, 이런 게 있었구나' 하고 새롭게 터득하는 뭔가는 건진 셈이다.

잘 가르치는 레슨프로를 판별하는 방법은 일단 배우러 온 골퍼의 스윙을 인정해주는 사람을 택해야 한다는 것이다. '제자'의 스윙을 모두 뜯어고치려는 레슨프로는 재고할 필요가 있다고 본다. 사람마다 신체조건이 다르고 스윙 특성도 다양하기 때문에 한 가지 스타일을 강조하는 것은 바람직하지 않다. 현재 자신의 고착된 스윙을 감안하면서 조금씩 개선해주는 레슨프로를 만나면 좋겠다.

레슨을 받고 난 뒤 '그래, 예전에 이런 느낌이 있었지. 왜 그걸 잊었지' 하는 생각이 들면 그 프로와는 잘 맞는다고 보면 된다. 그러나 레슨 받은 내용이 생소하고 어색하다면 그 레슨은 자신에게 적합하지 않은 것이다. 어느 정도 구력이 있고 기량이 안정된 사람은 '원포인트 레슨'을 받으면 된다. 자신의 스윙을 비디오로 찍어보는 것도 한 가지 좋은 방법이다.

6 레슨을 받는다고 실력이 느는 것이 아니다.

 대부분의 아마추어 골퍼들은 연습 시간도 제대로 갖지 못하다 보니 지속적으로 레슨을 받기 어려운 것이 현실이다. 게다가 20만 원 안팎의 레슨비도 부담스럽다. 하지만 혼자 하는 연습은 생각만 많아져 혼란을 줄 수도 있다.

 그러면 어떻게 해야 하는가. 중용을 택하는 수밖에 없다. 레슨을 받되 그 레슨이 모든 것을 해결해줄 것이라는 착각에 빠지면 안 된다는 것이다. 레슨은 자신의 스윙을 증진시키는 데 도움이 되는 참고서와 같다. 때로는 참고서에 오류가 드러날 수도 있고 자신과 맞지 않을 수도 있다. 모든 것을 코치 한 사람에게만 의지하지 말고 자신도 책을 읽고 자문을 구하면서 연구해야 하는 것이다. 물론 아마추어가 그러기는 쉽지 않다. 없는 시간에 레슨도 받고 골프 연구도 하라는 당부는 현실적으로 불가능에 가깝다. 그러나 어쩔 것인가. 골프 실력을 늘리는 것은 쉬운 길이 아니다. 끊임없이 좋은 스윙을 눈으로 보고 뇌에 입력시켜 이미지화하고 스윙 원리를 체득하기 위해 책을 읽는 시간도 있어야 한다. 이는 어쩌면 연습장에서 100~200개의 연습볼을 치는 것보다 더 어려울 수도 있다. 이제부터 레슨만 받으면 모든 것이 해결되리라는 환상은 버리도록 하자.

7 정답이 있을 수 없는 스윙레슨

　아마추어 골퍼들의 스윙에 자신감을 심어주는 방법은 한마디로 정의를 내릴 수 없다. 모든 사람들의 스윙이 다르기 때문에 몇 가지 공식으로 이를 적용한다는 것이 쉽지는 않다. 필자가 국내 연습장에 '불량 레슨'이 넘친다고 주장하는 이유도 바로 이러한 다양성을 무시하고 레슨 도우미들이 자기 방식대로 가르치려고 달려들기 때문이다. "하라는 대로 하라, 가르쳐주는 대로 따라만 하라"는 식의 주먹구구식 레슨 방법이 국내에서는 통하고 있다. 물론 이렇게 레슨을 받아 골프를 잘 치는 사람이 나올 수도 있다. 골프는 정답이 없기 때문에 이렇게 말하고 저렇게 말해도 맞지도 않고 틀리지도 않는다. 주식 투자에서 사람과 원숭이가 대결해 원숭이가 이겼다고 하듯이, 골프 레슨에서도 이와 비슷한 일이 벌어질 수 있다.

　가끔 실제 골프에서 100타를 넘게 치는 아마추어가 정규 대회에서 활동하는 투어프로를 가르치는 일이 발생하는 것도 이 때문이다. 골프레슨은 아무나 가능하다. 정답이 없기 때문이다. 다만 그 결과는 엄청난 차이로 드러난다. 그 레슨이 그 사람에게 맞을지 여부는 아무도 모른다. 레슨을 받는 당사자도 모른다. 오랜 시간이 흐르면 그제야 이 레슨이 나에게 맞았는지, 안 맞았는지를 깨닫게 될 뿐이다. 레슨은 매우 제한적으로 이뤄져야 한다는 것이 필자의 신념이다. 시장에 '보이지 않는 손'이 존재한다는 애덤 스미스의 말처럼 골프에서도 '보이지 않는 손'이 존재한다. 즉 인간은 본능적으로 공을 칠 수 있는 능력이 있다는 얘기다.

그 본능을 되살려주는 레슨이 현재로서는 가장 바람직한 레슨이다. 이론을 내세우는 것은 본능을 죽이는 행위다. 끊임없이 반복 훈련을 하라는 얘기도 마찬가지다. 백스윙은 이렇게 하고, 다운스윙은 이렇게 하고 임팩트 때는 이런 일이 벌어지고 등등 모든 것을 사람이 머릿속에 담은 뒤 스윙한다는 것은 불가능하다. 스윙 과정의 어떤 것도 머리로 익히게 해서는 안 된다. 골퍼가 자연스럽게 스윙할 수 있도록 도와줄 필요가 있다. 자신이 배운 것을 레슨에 적용하는 것은 아주 제한적이고 수동적으로 이뤄져야 한다. 그 골퍼에 맞춰 레슨이 진행돼야 한다. 각각의 다른 신체 조건을 가진 골퍼들에게 골프를 가르쳤음에도 불구하고 대부분 비슷한 스윙을 만들어내는 레슨은 결코 좋은 레슨이 아니다.

8 연습장 프로들에게 따져라

국내에서는 선수들을 부를 때 특이하게 프로라는 말을 뒤에 붙인다. 'ㅇㅇㅇ 프로'라는 식으로 호칭과 함께 부른다. 그렇다면 타이거 우즈를 부를 때 '타이거 프로', '우즈 프로'라고 부를까. 그렇지는 않다. 국내에서는 이상하게 프로라는 호칭을 부르는 것이 관행이 돼 프로라는 이름을 부르지 않으면 큰 결례를 범하는 듯한 인상을 준다. 심지어 한국여자프로골프에는 20살도 안 된 프로들이 많다. 이들에게도 자연스레 'ㅇㅇㅇ 프로'라는 호칭이 따라 붙는다. 한국여자프로골프협회 직원들은 자기들보다 10살, 20살 어린 선수들에게 꼬박꼬박 프로라는 호칭을 붙인다. 물론 나이가 어리다고 해서 반말을 사용해서는 안 될 것이다. 하지만 프로라는 호칭도 모자라 '프로님'이라고 부르는 것은 좀 문제가 있다. 그냥 'ㅇㅇㅇ 선수'라고 부르면 되지 않을까.

검증 안 된 프로들이 너무 많은 국내 연습장에서는 누구든 가르친다면 그냥 프로다. 그 사람이 어떤 자격증을 갖고 있는지는 상관하지 않는다. 그래서 심지어 골프를 잘 모르는 사람들은 프로라고 하면 대회에 나가 선수로 활동하는 사람인 줄로 착각한다. 솔직히 연습장 프로는 투어 프로와는 완전히 다르다. 항상 연습장에서 레슨에만 매달리는 사람들은 프로라고 할 수 없다. 주위에서 하도 프로라고 불러주니 스스로도 착각에 빠져 있는 것이다. 그래서 가끔 고객들과 라운드를 나갔다가 90대 스코어를 치고 망신을 당하기도 한다. 연습장 프로는 프로가 아니다. 아마추어들은 연습할 때 프로들의 자격증을 잘 따져봐야 한다. 이것은 매우 중요한 문제다. 첫 레슨프로를 만났을 때 어떤 자격증을 갖고 있는지 반드시 물어야 한다. 그리고 자신이 생각하기에 자격 미달 프로라면 다른 프로에게서 배워야 한다. 골프는 처음이 매우 중요하다. '골프의 팔자'가 정해지는 운명적인 순간이다. 이때 자격을 갖추지 못한 프로들을 만나 배운다면 큰 불행이 아닐 수 없다.

현재 연습장에는 너무나 많은 종류의 프로들이 난무하는 중이다. 옛날에는 프로들을 구경하기가 힘들어 무조건 프로들을 떠받드는 관행이 있었지만 이제는 달라졌다. 엄격하게 '어디에서 프로 자격증을 땄는지, 골프 실력은 어느 정도 되는지, 어떤 것을 자신 있게 가르칠 수 있는지, 레슨프로그램은 어떻게 진행되는지' 등등을 꼬치꼬치 따져야 한다. 이런 것에 답을 못하고 인상을 찌푸린다면 다른 프로를 찾아야 한다. 또 너무 말만 번드르르한 사람도 경계하라. 가장 좋은 것은 샷 시범을 보여달라고 하는 게 좋다. 100야드 샷, 50야드 샷, 드로샷, 페이드샷, 롱아이언샷, 페어웨이 우드샷, 저탄도샷, 하이탄도샷 등등을 보여달라고 하라. 이 정도는 배우는 사람으로서 당연히 요구할 수 있는 권리이며 골프 문화의 온전한 발전을 위해 우리 모두가 인지해야 할 핵심 요소다.

9 골프에 필요한 '넛지' 이론

'넛지(nudge)'라는 말은 '팔꿈치로 꾹 찔러준다'는 뜻을 갖고 있다. 누군가 무슨 일을 잘못하거나 잘 이해하지 못하고 있을 때 옆에서 팔꿈치로 툭 쳐서 오류를 바로잡을 때 쓰는 말이다. 이 용어가 세간의 화제를 끌게 된 것은 경제학의 한 분파인 '행동경제학자'들이 낸 책 때문이다. 하버드 대학교의 캐스 선스타인 로스쿨 교수와 시카고 대학교의 리처드 탈러 부스경영대학원 교수는 공동 집필한 《넛지》라는 책을 통해 적극적인 간섭이 아닌 팔꿈치로 살짝 밀어주는 정도의 개입으로 인간의 행동을 바람직한 방향으로 유도할 수 있다고 주장했다.

암스테르담 공항에서 소변기에 파리 모양의 스티커를 붙여 소변기 밖으로 튀어나가는 소변 양을 80%나 줄인 것이 '넛지'의 대표적인 사례다. 부드러운 개입으로 타인에게 자연스러운 선택을 유도한다는 '넛지' 이론은 미국 오바마 행정부의 정책에 반영되면서 큰 화제를 몰고 왔다. '넛지 이론'을 탄생시킨 행동경제학자들은 주류 경제학에 반기를 든 사람들이다. 주류 경제학은 인간이 합리적인 선택을 한다는 기반 위에서 이론을 발전시켜왔는데, 행동경제학은 인간이 결코 합리적이지 않으며 모순적이고 비경제적인 행동을 한다는 주장을 편다. 그리고 복잡다단한 인간의 심리를 연구에 접목시키려고 한다.

골프에 '넛지 이론'이 필요한 이유는 그동안 우리가 너무나 완벽함을 추구해왔다는 자각에서 출발한다. 우리가 접하는 레슨과 이론은 하나같이 타이거 우즈처럼 완벽한 프로들을 염두에 두고 탄생했다. 시중에 떠도는 스윙 메커니즘을 완벽하게 소화해낼 수 있는 '아마추어'는 거의 없다. 게다가 마흔 안팎, 늦게는 50~60의 나이에 골프를 시작하는 이들에게 타이거 우즈 같은 스윙을 기대한다는 것 자체가 어불성설이다. 아마추어 골퍼들을 생각해보라. '헤드업' 하지 말라고 조언했음에도 금방 잊어버리기 일쑤고 왼쪽으로 치라는데 오른쪽으로 치는 경우가 더 많지 않은가. 깊은 러프에서는 페어웨이우드를 치지 말라고 동반자에게 조언하고 난 뒤, 똑같은 상황에서 우드를 들고 서 있는 자신을 발견하지 않는가.

'넛지'에는 대조적인 두 유형의 인간, '이콘'과 '인간'이 나온다. '이콘'은 '매우 합리적이고 이익을 추구하는 경제적 인간', 즉 '호모 이코노미쿠스(homo economicus)'의 줄임말이다. 주류 경제학이 이런 인간을 토대로 경제 현상과 이론을 설명한다. 하지만 현실에는 허점투성이의 '인간'만이 존재한다. 그래서 '넛지 이론'은 이런 '인간'의 편에 서서 생각한다. 불완전한 인간들에게 "이걸 해서는 절대 안 된다"라는 식의 경고성 금지로 원하는 결과를 얻어내는 것이 아니라 자율적으로 똑똑한 선택을 할 수 있도록 부드러운 개입만 해야 한다는 것이다.

골프에도 대조적인 두 유형의 인간, '프로'와 '아마추어'가 있다. 스윙 이론, 골프 레슨, 골프클럽 제작, 골프룰, 코스 설계 등 모든 골프는 철저하게 프로를 위해 만들어졌다. 아마추어는 이를 무조건 따르도록 강요받아왔다. 아마추어를 위한 부드러운 개입, '넛지 골프'가 필요한 시점이다.

10 넛지식 조언과 레슨

골프 좀 친다고 해서 잘 못하는 사람을 만나면 말 한마디 안 하는 골퍼, '100돌이 골퍼' 만나면 한숨부터 쉬는 캐디, 아마추어만 보면 스윙을 바꾸고 싶어 안달하는 레슨 도우미들…. 모두 부드러우면서 명쾌한 조언을 할 줄 아는 '넛지 골프 전문가'로의 변신이 필요하다. 캐디는 주로 어떤 말을 하는지 생각해보자. 캐디는 골프장에 입사해 골프장과 선배들로부터 배운 대로 코스에 대한 정보를 골퍼들에게 전달한다. 티잉 그라운드에 섰을 때, 캐디가 자주 하는 말은 "왼쪽은 OB지역입니다." 또는 "오른쪽에 해저드가 있습니다"라는 것이다. 캐디는 자신의 경험을 토대로 이쪽으로 치면 안 되고 저쪽으로 치면 안 된다는 정보를 골퍼들에게 전달한다.

같은 말이지만 이 말을 이런 식으로 표현하면 어떨까. 만약 '왼쪽이 OB지역'이라고 한다면 "왼쪽으로 치지 말라"라는 표현보다 "오른쪽이 다음 샷을 하기에 좋습니다"라고 말하는 것이다. 골퍼들의 샷을 오른쪽으로 더 유도하기 위해서는 "오른쪽 러프로 가도 아무 문제 없습니다. 오른쪽은 굉장히 넓습니다"라는 식으로 표현하는 것이다. 또 캐디가 자주 하는 말이 "이곳은 슬라이스가 많이 나는 홀입니다"라는 것이 있다. 슬라이스가 자주 난다는 것은 골프장 지형이 오른쪽으로 약간 경사가 져 있다거나 코스 방향이 오른쪽으로 설계된 경우에 해당하는 말이다. 실제로 이런 홀에서는 골퍼들이 친 공이 오른쪽으로 쏠리는 경향이 있다. 그러나 슬라이스가 많이 난다는 말은 불필요한 '사족'이다. 이런 말은 오히려 골퍼들에게 슬라이스를 상기시키면서 불필요한 신경을 쓰게 한다. 그런 식의 표현보다는 "골퍼들의 90%가 치면 오른쪽으로 갑니다"라고 확률적인 수치를 동원해 말해주면 골퍼들이 쉽게 그 뜻을 전달 받는다.

레슨코치들도 "무조건 머리를 움직이지 말라"라고 하는 것보다 "머리를 좌우로 움직이는 것은 괜찮습니다"라고 말해줄 수 있다. 골프장 코스 관리자들도 티잉그라운드의 잔디를 깎을 때 티샷의 목표 방향으로 가지런히 깎아주는 배려를 할 수 있다. 코스 방향을 자연스레 알게 도와주는 것이다. 자연을 그대로 살린답시고 골퍼들이 어떻게 칠지에 대해서는 전혀 안중에도 없는 코스는 훌륭한 코스라고 할 수 없다. 골프장 티잉그라운드에서 티샷할 때 한 사람만 올라가라는 것도 참으로 우스운 논리다. 티샷 구역이 좁아 안전상 그런다면 이해가 되지만 그런 곳은 별로 없다. 대부분 티잉그라운드가 넓다. 그런데 올라가지 못하게 하면서 경사진 곳에 위험하게 서 있으라고 한다. 그러면서 겨울에는 잔디를 보호한다는 미명 아래 별도의 특설 티를 만들어 거기에서 티샷을 하게 한다.

결국 '선택 설계자'들은 골퍼들을 위해 필요한 한마디를 해줄 수 있는 노력을 기울여야만 한다. 올바른 선택을 하도록 '부드러운 개입'을 해주는 사람이 '골프계 최고의 고수'로 평가받아야 할 것이다.

11 독학으로 골프를 익혀라

골프는 레슨을 받지 않고 혼자 해도 아무 문제가 없다. 다만 처음에 어떻게 해야 할지를 몰라 답답해하는 것은 정보 때문이다. 즉 연습장을 어떻게 가고 어떻게 등록하고, 클럽은 어디 가서 구입하고, 골프장은 어떻게 가는지 등 정보가 필요한 것이다. 요즘은 인터넷을 통하면 어지간한 정보는 모두 얻을 수 있다. 레슨도 마찬가지다. 만약 골프를 전혀 모르는 초보자라면 가장 손쉬운 방법으로 골프채널을 시청할 것을 권한다. 매일 일정 시간 TV 시청을 통해 정보 수집이 가능하기 때문이다. 모르는 내용이 나오면 메모를 했다가 그때그때 인터넷 검색 사이트를 통해 정보를 수집한다. 백스윙이 뭔지, 다운스윙이 뭔지, 임팩트가 뭔지…. 인터넷 사이트를 찾아보면 자세히 설명이 나와 있다. 필자는 이런 식으로 골프를 접근하는 것이 무작정 연습장에 가서 레슨을 받는 것보다 낫다고 본다.

연습장에서 이론적 바탕 없이 실전 레슨만 받은 사람들은 나중에 골프를 잘 치면서도 기본적인 용어조차 헷갈려 하고 룰도 전혀 신경 안 쓰면서 치게 될 가능성이 크다. TV 시청이나 인터넷 검색을 통해 골프에 어느 정도 정보를 파악하면 골프라는 운동이 대충 어떤 운동인지 느낌을 익힐 것이다. 기본적인 정보를 알고 나서 골프를 시작하는 것은 매우 바람직하다. 스윙 역시 TV나 인터넷 등에서 제시하는 설명을 잘 보고 비교해보면 스윙을 어떻게 해야 하는지 알 수 있다. 예전에는 레슨을 글로만 읽을 수 있었기 때문에 눈으로 보기가 힘들었다. 하지만 지금은 골프채널에서 하루 종일 골프 스윙을 보여준다. 더 이상 어떤 레슨이 필요할까. 단지 당신을 혼란스럽게 만들 뿐이다.

당신이 검색한 내용을 토대로 좋은 스윙을 눈으로 찬찬히 들여다보라. TV가 아니라면 동영상을 수시로 볼 수 있는 인터넷도 활용하자. 그런 다음 연습장에 가서 배운 것을 직접 하나씩 해보도록 하라. 또 주변 사람들이 치는 것을 지켜보면서 배우는 것이 있을 것이다. 너무 이상한 스윙을 하는 사람도 있고 스윙은 좋은데 공이 이상하게 가는 것이 보일 것이다. 이 모두가 배울 점들이다.

레슨을 받지 말라는 말이 미심쩍으면 연습장에서 레슨코치들이 어떻게 가르치는지 유심히 살펴보자. 정말 배우고 싶은 생각이 드는지 판단할 수 있을 것이다. 대부분 가르치는 사람 뒤에 와서 스윙을 잠시 지켜보다가 간다. 배우는 사람은 자신의 스윙을 볼 수 없으니 레슨이 필요하다고 할 것이다. 그런 경우라면 주변의 자신을 아는 사람에게 봐달라고 청하면 된다. 스윙의 잘잘못은 누구라도 볼 수 있다. 요즘은 캠코더가 있어 자신의 스윙을 직접 찍어 집에서 볼 수도 있다. 반드시 레슨코치의 도움을 받아야 할 이유가 하나도 없다.

3

정반대로 엇갈리는 레슨

1 한 가지 스윙만 해야 한다 VS 두 가지 스윙을 가져도 좋다

　스윙은 언제나 한결같이 변함이 없어야 한다는 것이야 누구나 알고 있는 사실이다. 1번 홀 티샷부터 18번 홀 마지막 퍼팅까지 똑같은 스윙을 구사할 수만 있다면 얼마나 좋겠는가. 하지만 현실은 결코 그렇지 않다. 일관된 스윙이 나오기는커녕 두 세 홀도 못 가서 어이없는 스윙이 나오고는 한다. 흔들리지 않는 스윙을 갖기 위해 연습장에서 피나는 연습도 해보지만 몸이 따라주지 않는다.

　88CC 클럽챔피언을 지낸 염한순 씨는 골프를 잘 치려면 최소한 두 개의 스윙을 가지고 있어야 한다고 주장한다. 몸 상태가 좋을 때와 좋지 않을 때로 나눠 두 가지 스윙을 구사해야 한다는 것. 그는 "몸 상태가 좋을 때는 오른팔과 왼팔의 두 팔꿈치가 지면을 향하도록 하는 데 모든 것

을 집중합니다. 그러나 몸이 좋지 않을 때는 이보다 어깨 턴을 많이 하려고 합니다. 그러다 컨디션이 회복되면 다시 평소 스윙으로 돌아갑니다"라고 말했다.

　염 챔피언은 스윙을 하나만 고집하면 실수를 반복하게 되는 만큼 상황에 따라 스윙을 맞추라고 조언한다. 예를 들어 업힐 라이에서는 훅을 방지하기 위해 백스윙을 아웃사이드로 빼주고 반대로 다운힐 라이에서는 백스윙을 인사이드로 뺀 뒤 감아 쳐서 슬라이스가 덜 나게 하는 식이다. 또 구질이 왼쪽에서 오른쪽으로 도는 페이드가 나오면 클럽헤드를 약간 닫아주고 반대의 경우에는 헤드를 열어주는 것과 같은 방법이다. 염 챔피언의 말은 라운드를 할 때 이 스윙, 저 스윙을 실험하라는 조언이 아니다. 평소의 몸 상태가 아닌 상황에서 예전 스윙을 그대로 고집하면 공이 제대로 맞을 리 없기 때문에 이런 상황에서는 여기에 맞는 스윙을 하라는 의견이다. 컨디션이 나쁠 때는 평소보다 어깨 턴이 안 될 가능성이 높고 하체가 쉽게 무너질 수 있다. 그러므로 이런 단점을 보완하는 스윙을 하나 정도 구비할 필요가 있다. 스윙은 한 가지뿐이라고 생각하기보다는 여러 스윙을 구사할 능력이 있다면 매우 유리할 수 있다는 의견이다. 그러나 잘 맞지 않는다고 해서 무조건 이리저리 바꾸라는 것이 아니라 최악의 컨디션에 맞는 자신의 스윙을 구사해봐야 한다는 뜻으로 해석하면 바람직하겠다.

2 그립은 강하게 쥐어야 한다 VS 그립은 약하게 쥐어야 한다

"골프에는 정답이 없다"라는 말이 있다. "스윙은 이렇게 해야 한다"라는 것도 사람에 따라 가지각색이다. 심지어 스윙 이론 중에는 정반대의 이론도 존재한다. 어떤 이는 "그립을 강하게 쥐어야 한다"고 하고 어떤 이는 반대로 "그립은 약하게 쥐어야 한다"라고 주장한다. 이렇듯 비슷한 것도 아닌 상반된 이론이 공존하는 것이 골프의 세계다. 그러다 보니 누구도 골프의 정석을 자신 있게 말하지 못한다. 이처럼 상반된 이론은 결국 자신에게 맞는 방법을 택하는 길밖에 없다는 것을 보여주고 있는 셈이다. 대표적인 '엇갈린 이론'들을 보면서 골프의 다양성을 다시 한 번 음미해보기 바란다.

일본에서 뛰는 '베테랑' 구옥희 프로는 "어떤 사람들은 그립을 달걀 쥐듯이 살짝 잡으라고 하지만 나는 그 말에 동의하지 않는다. 그립은 강하게 쥐어야 파워를 낼 수 있다"라고 말한다.

반면 미국 PGA투어에서 활약하는 위창수 프로는 "그립을 세게 쥐면 볼을 칠 때 클럽헤드스피드가 나지 않는다. 몸이 너무 경직돼 부드러운 스윙을 못한다. 그립이 부드러워지면 스윙도 부드러워지고 몸도 더 잘 돌아간다"라며 상반된 이론을 제시한다.

레이크우드CC 클럽챔피언을 지낸 이하주 씨는 "그립을 약하게 쥐어야 한다는 소리를 들어 그렇게 해봤는데, 오히려 그립을 놓쳐 가끔 OB가 나는 등 미스샷이 나오더군요. 그립을 단단히 잡았더니 몸도 함께 돌고 좋아졌어요"라고 말했다. 그립을 강하게 잡든, 약하게 잡든 한가지 방법의 정석이 없다는 결론인 것이다. 결국 자신에게 맞는 쪽으로 구사하면 된다. 그립을 강하게 잡는 것이 샷에 도움이 된다면 강하게 잡고, 약하게 잡는 것이 더 좋다면 그렇게 하면 된다. 이 부분을 갖고 불필요한 고민을 하지 않았으면 좋겠다.

다만 그립과 관련해서 상반되지 않는 공통점은 스윙 과정에서 그립의 악력은 처음부터 끝까지 일관돼야 한다는 것이다. 그립을 강하게 잡아야 한다거나 약하게 잡아야 한다거나 하는 것은 무의미하지만, 그립의 악력이 변하지 않는 것이 더 중요하다는 얘기다.

3 머리나 하체를 고정해라 VS 약간 움직여도 된다

골프에서는 미세한 차이가 큰 변화를 가져오는 경우가 많다. 심지어 스윙할 때 숨을 들여 마시거나, 내쉬는 것만 바꾸어도 스윙에 변화가 올 정도다. 그만큼 골프는 예민한 운동인 것이다. 그러다 보니 사소한 동작의 움직임에도 민감한 반응을 보인다. '헤드업' 여부에 따라 실제로 샷 차이가 확연하다. 이런 현상에도 불구하고 스윙 과정에서 정반대로 엇갈리는 이론이 있다. 가장 일반적으로 들어온 이론 가운데 '머리나 하체를 고정하라'는 것이 있다. 스윙하는 동안 머리나 하체는 움직이지 않는 것이 좋다는 의견이다.

시니어 프로인 최윤수 선수는 "찰나의 순간에 이뤄지는 스윙 과정에서는 움직임이 거의 없는 것이 좋다. 체중 이동도 미리 해놓은 상태에서 거의 고정한 채 치는 것이 효율적이다"라고 말한다.

호남 지역의 '아마고수'로 명성이 높은 기장명 전 난지골프장 사장도 "백스윙에서는 하체를 거의 쓰지 말고 고정해야 한다"라고 주장한다.

그러나 박노석 프로는 "아마추어들은 스윙할 때 지나치게 머리나 하체를 고정하려고 한다. 그렇게 하면 가뜩이나 유연성이 없는 상태에서 몸이 더 굳어져 좋은 스윙이 나오지 않는다. 머리나 다리를 약간씩 움직이면서 리듬을 타는 스윙을 해보라" 하고 권한다. 이렇게 같은 스윙을 놓고 정반대 주장이 나오니 아마추어 입장에서는 어떤 쪽을 택할지 혼란스럽다. 국내 유명 프로들 사이에서조차 견해가 다르니 그럴 만하다. 필자는 이 부분을 다음과 같이 이해했으면 한다. 스윙 과정에서 움직임이 없는 것이 바람직하다. 그러나 아무리 좋은 것도 너무 지나치게 강조되면 역효과가 발생할 수 있다는 점이다. 박노석 프로는 너무 고정하려고 애쓰기보다 차라리 어느 정도 움직이면서 부드럽게 치는 것이 훨씬 효율적임을 얘기한 것이다. 골프에서는 어느 한 가지만 강조되는 것을 경계할 필요가 있다. 100% 따라야 하는 사항이 있지만 꼭 그렇지 않은 것들이 더 많다. 스윙에 대해 너무 많은 규제 사항을 갖지 말자.

어떤 골퍼는 연습할 때마다 하지 말아야 할 부분을 메모해 벽에 붙여 놓았더니 나중에는 너무 많아 스윙이 안 되더라는 얘기를 토로한 적도 있다. 어떤 날은 몸을 약간 움직이면서 치는 것이 나을 때가 있고 어떤 날은 움직임 없이 스윙을 해야 잘 맞는 날이 있다. 그날의 상황에 맞춰 유연하게 대처하는 것이 가장 훌륭한 방법으로 이해해 보자.

4 아이언을 찍어 쳐라 VS 아이언을 쓸어 쳐라

기자가 10여 년간 프로들과 아마고수들을 접하면서 알게 된 것은 아이언에 대한 접근 방법이 일반인과 매우 다르다는 점이다. 누구나 아이언은 찍어 쳐야 한다는 것으로 알고 있다. 실제로 TV를 통해 타이거 우즈 등 유명 프로들을 보면 대부분 아이언을 찍어서 친다. 기다란 디보트 홀을 페어웨이에 남기면서 디보트 자국을 하늘에 날리는 모습은 모든 아마추어들이 꿈꾸는 환상적인 아이언샷이다. 또 그린에 공이 멈춘 뒤 백스핀을 먹고 다시 뒤로 당겨지는 모습 역시 아이언을 찍어 치기 때문에 생기는 현상으로 이해한다. 이론상으로는 틀리지 않다. 아이언은 분명히 땅을 찍어 치듯 한다.

그러나 아이언에 대한 개념을 이런 식으로만 인식하면 오히려 좋지 않은 아이언샷이 나온다는 것이 프로들의 지적이다. 아이언을 찍어 치는 식으로 이해하면 뒤땅치기나 토핑샷 등 미스샷을 유발할 수 있다는 것이다. 또한 비가 내리면 무조건 아이언을 찍어 친다는 식으로 이해하는 경우에도 스코어가 별로 좋지 않다. 코스가 젖은 상태에서는 찍어 쳐서는 안 되기 때문이다.

유명 프로들은 아이언을 쓸어 치라고 주장한다. 김종덕 프로는 "요즘 나오는 아이언들은 저중심 설계를 해 클럽헤드의 솔(바닥) 쪽에 무게 중심을 두고 있다. 즉 찍어 치지 않아도 헤드의 무게로 디보트홀이 생기도록 제작됐다. 그래서 이제는 찍어 칠 필요가 없다. 디보트가 깊이 생길수록 샷의 정확도는 떨어진다"라고 말했다. 김 프로는 찍어 치거나 쓸어 치는 것을 신경 쓰기보다 임팩트 이후 가속이 붙도록 하는 것이 중요하다고 했다.

정일미 프로도 "아이언을 잘 치기 위해서는 찍어 치려 하지 말고 쓸어 쳐야 하고 쓸어 치면서 헤드스피드를 높이려고 노력해야 한다"라고 얘기한다. 찍어 치려고 하면 오히려 헤드스피드가 더 나지 않고 뒤땅치기나 토핑을 낼 확률이 높기 때문이라는 해설이다. 결국 아이언을 자꾸 찍어 치라고 가르치면 힘이 너무 들어갈 수 있기에 그런 개념을 자꾸 집어넣으려는 것보다는 아이언도 결국 똑같은 스윙으로 쓸어 친다고 생각하는 것이 좋겠다.

아이언을 배울 때는 찍어 치는 것 위주보다는 임팩트 이후의 헤드스피드 가속 방법을 배우는 것이 더 바람직하다. 찍어 치는 것에 치중할 때 오히려 임팩트 이후 속도를 죽이게 돼 정반대의 효과를 낳을 수 있기 때문이다.

5 어프로치샷은 한 클럽으로 하라 VS 다양한 클럽을 사용하라

어프로치샷을 할 때 어떤 클럽을 주로 사용하는가. 샌드웨지나 피칭웨지를 주로 사용하는 사람이 있는가 하면, 여러 클럽을 교체해가며 쓰는 사람들도 있다. 물론 필드에서는 다양한 라이에 따라 다양한 클럽을 사용하는 것이 이론상으로 맞다. 굴려야 할 때는 피칭웨지나 9, 8번 아이언 등을 사용하고 띄워야 할 때는 샌드웨지를 쓰는 식이다. 그러나 어프로치샷 클럽 선택에도 정반대의 주장이 존재한다. 즉 한 클럽으로 어프로치샷을 하는 것이 유리하다는 쪽과 다양한 클럽을 사용해서 어프로치샷을 하는 것이 유리하다는 쪽이다.

김종덕 프로는 "아마추어들은 그린 주변에서 볼을 띄우거나 굴릴 때 한 클럽으로 볼 위치를 바꿔가며 하는 게 낫다. 다양한 클럽을 사용할 경우 연습량이 부족하기 때문에 익숙한 한 가지 클럽으로 다양하게 거리를 맞추는 것이 바람직하다"라고 조언한다. 김 프로는 샌드웨지로 공을 띄울 수도 있고, 굴릴 수도 있다고 말한다. 공의 위치를 바꿔가면서 띄울 때는 왼발 쪽에 놓고 굴릴 때는 오른발 쪽에 놓으면 다양한 어프로치샷을 구사할 수 있다는 얘기다. 클럽은 한 클럽이지만 공의 위치를 어디에 놓느냐에 따라 로프트가 달라져 여러 클럽을 사용하는 효과를 낼 수 있다는 것이다. 아마추어 대회에서 여러 차례 우승한 '아마고수' 김봉주 씨도 "어프로치샷의 경우 한 클럽을 사용하는 것이 편하다"라는 입장을 취했다.

그러나 미국 LPGA투어 소속의 배경은 프로는 반대 의견을 보인다. 그녀는 "한 클럽으로 거리를 조정하는 것은 매우 어렵기 때문에 스윙은 일정하게 하지만 클럽을 바꿔가며 어프로치샷을 해야 한다"라고 주장한다. 한 클럽으로 여러 가지 스윙을 내기보다는 스윙을 하나로 하고 클럽을 바꾸라는 얘기다. 강욱순 프로도 어프로치샷은 클럽 선택이 성공의 열쇠라고 단언할 정도로 다양한 클럽 사용을 권장한다.

결국 어떤 것이 좋을지는 본인 스스로 결정해야 한다는 결론에 이르게 됨을 알 수 있다. 한 클럽을 사용할지 다양한 클럽을 사용하여 어프로치샷을 할지 스스로의 결정에 기인한다는 얘기다. 어느 쪽이든 자신이 유리하다고 느껴지고 자신감을 불러 오는 방법을 택하면 될 것이다.

8

골프는 멘탈이다

1 골프의 '멘탈 스코어'

골프에서는 '멘탈 스코어(mental score)'가 있다.

파4홀에서 '3온 2퍼트'와 '2온 3퍼트'는 똑같은 보기다. 그러나 3온 2퍼트를 한 사람과 2온 3퍼트를 한 사람이 느끼는 멘탈 스코어는 하늘과 땅 차이다. 3온 2퍼트를 한 사람은 '보기'가 이미 자신이 기록할 수 있는 최선의 스코어로 받아들이기 때문에 큰 문제가 없다. 그러나 2온 3퍼트를 한 사람은 최선의 스코어가 파 아니면 버디였다. 그러나 보기를 기록했으니 최악의 스코어라고 여기게 된다. 자신이 느끼는 멘탈 스코어가 어디에 맞춰 있느냐에 따라 골퍼의 반응은 달라지기 마련이다. 결과는 똑같지만 멘탈 스코어가 지나치게 수준 높게 책정돼 있으면 만족도는 현저히 떨어질 수밖에 없다. 멘탈 스코어를 실력에 맞게 낮추는 부드

러운 개입을 해보자.

먼저 자신의 멘탈 스코어 기준을 정하라. 자신이 보기플레이어라면 매 홀 보기가 기준인 셈이다. 2온 3퍼트를 했더라도 선방했다고 여겨야 한다. 2온을 했으니 반드시 파를 해야 한다고 생각하는 것은 자신의 기준을 넘어서는 것이다. 80타대를 치는 골퍼들은 매 홀 파를 잡겠다는 멘탈 스코어 기준을 세우는 경향이 강하다. 80타대 중후반을 치는 골퍼라면 전부 보기를 하고 6개 홀 단위로 파 하나 정도가 나오면 87타 안팎을 칠 수 있다. 80대 초반을 치는 골퍼는 3개 홀당 파 하나를 잡으면 만족하라. 80타대를 치는 골퍼가 매 홀 파를 기록하겠다고 목표를 삼으면 심적 부담이 커지고 샷이 흔들리게 된다. '싱글'이라면 3개 홀당 보기 1개를 받아들여라. 모든 홀을 파로 장식하려고 하고 파5홀에서는 무조건 버디를 하려고 하면 어느 순간 80타대로 스코어가 넘어간다. 멘탈 스코어는 한 홀의 결과로 일희일비하면 안 된다. 그러면 그날의 라운드를 망가뜨린다. 18홀 전체에 맞춘 멘탈 스코어 전략이 필요하다.

2 골프에서 자신감의 세 가지 종류

불교의 '선(Zen)' 사상과 현대 심리학을 골프에 접목시켜 《젠골프》라는 책을 낸 조셉 패런트 박사는 자신감을 세 가지 종류로 분류한다.

첫 번째는 '잘못된 자신감(false confidence)'이다. 한마디로 '무대포' 정신을 말한다. 실현 가능성이 낮은 상황에서 무모한 시도를 하는 경우를 말한다. 능력이 안 되는 상황에서 '무조건 난 할 수 있다'라고 자신감을 갖는 경우다. 밑도 끝도 없이 굿샷이 나오고 퍼팅은 전부 홀에 들어간다고 믿는다. 골프에서 도전 정신을 발휘해야 한다고 시도때도 없이 긴 클럽을 빼드는 것도 이와 무관하지 않다.

두 번째는 '조건적인 자신감(conditional confidence)'이다. 무모한 자신감을 갖지는 않지만 최근의 결과에 지나치게 의존하는 자신감이다. 골프로 치면 최근 몇 라운드에서 좋은 스코어를 내면서 자신감에 충만해 있는 상태다. 모든 것이 잘될 때이니까 자신감이 넘친다. 그러나 상황이 나빠지면 언제 그랬냐는 듯이 자신감을 잃고 자신의 능력을 의심한다. 대부분의 아마추어가 이러한 모습을 띠고 있다. 잘될 때는 골프를 이제야 알겠다고 감탄하다가 잘 풀리지 않으면 인생의 모든 짐을 짊어진 사람처럼 고뇌에 찬다.

세 번째는 '무조건적인 자신감(unconditional confidence)'이다. 이 자신감은 최근의 상황이나 근거없는 자신감이 아니다. 무조건이라고 해서 언제나 자신감을 갖는 것이라고 오해하면 안 된다. 여기에서 무조건이라는 뜻은 어떤 결과가 나오든 자신이 조절할 수 있다는 자신감을 갖춘다는 것이다. 무조건적인 자신감을 갖춘 사람은 매 샷을 완벽하게 할 것이라고 기대하지 않는다. 굿샷이 나오든 미스샷이 나오든 결과에 흔들리지 않는다.

셋 중에 물론 무조건적인 견고한 자신감이 좋은 것은 두말하면 잔소리다. 이런 자신감을 갖고 있으면 자신이 워스트샷을 했더라도 바로 스윙을 고치려고 덤빈다거나 자신의 능력 밖의 일에 도전하려고 하지 않는다. 잘 쳤다고 자만하지도 않고 샷이 안 되는 악조건 속에서도 유머

감각을 잃지 않는다. 한 샷에 일희일비하지 않고 18홀 전체를 보고 오늘 안 맞으면 다음에 잘 맞을 것이라고 여기게 된다.

3 잘 치고 난 다음 라운드가 안 될 때 멘탈 전략

지난번에 좋은 스코어를 낸 사람이 다음 라운드에 나쁜 스코어를 기록하는 경우가 많다. 연습 라운드 때 잘 쳤다고 실전에서 잘 된다는 보장도 없다. 지난 라운드 때 잘 치면 자신감이 넘친다. 하지만 골프에는 '오늘' 만 있다. 지난번에 잘 친 것과는 아무 관련이 없다. 지난번에 잘 맞았으면 힘이 들어가 미스샷이 남발되는 경우가 부지기수다.

이를 극복하기 위해서는 쭉 뻗어나가는 티샷과 세컨드샷, 멋진 벙커샷 등 좋은 샷만을 생각해야 한다. 골프에서는 자신감이 정말 중요하다. 자신감은 골프에서 70% 이상을 차지한다. 아마추어도 자신감과 좋은 샷에 대한 생각만으로 3~4타를 줄일 수 있다고 프로들은 말한다. 특히 '이 홀에만 오면 OB가 난다' 거나 '이 홀만 오면 스코어가 안 좋다' 거나 하는 부정적인 생각은 금물이다. 어려운 상황에 처했을 때도 '할 수 있다' 는 자신감이 요구된다. '난 훈련이 잘 돼 있어 극복할 수 있다' 는 마음이 중요하다는 얘기다. 물론 아직 스윙이 잡히지 않는 초보자들에게는 멘탈이 큰 의미가 없다. 아무리 멘탈을 극복하려고 해도 미스샷이 나오게 마련이다. 초보자 때는 연습을 통해 스윙을 습득하는 과정이 선행돼야 한다.

4 슬럼프가 오면 이를 받아들이고 순응하라

〈월스트리트 저널〉에 메이저리그의 전설적인 투수 존 스몰츠가 선수 생활 도중 겪은 슬럼프를 극복한 일화 한 토막이 실렸다. 스몰츠는 프로 통산 213승을 따냈고 마무리로도 153세이브를 거둬 메이저리그 최초로 200승-150세이브를 기록한 전설적인 투수다. 현재는 미국 방송사 TBS 해설 위원으로 활약 중이다. 스몰츠는 한창 주가를 올리기 시작하던 1991년 올스타 경기 전까지 2승11패라는 참담한 성적으로 슬럼프에 빠졌다. 슬럼프를 극복하기 위해 그는 더욱 열심히 연습했다. 그러나 마운드에만 올라가면 두들겨 맞았다. 그는 자신감을 잃었다. 급기야 심리학자의 도움을 받았다.

심리학자인 존 레웰린(John Llewellyn)은 "스몰츠가 자신의 나쁜 피칭에 대해 너무 확대 해석하고 있다"라고 슬럼프 원인을 진단했다. 존은 이를 처방하기 위해 스몰츠가 과거에 던진 완벽한 여섯 가지 피칭 동작을 2분 동안 반복적으로 보도록 했다. 피칭에 대해 너무 많은 생각을 버리게 하면서 마음속에 좋은 피칭의 이미지를 그리게 한 것이다. 스몰츠는 자신감을 되찾았고 후반기 남은 경기를 12승2패로 마무리했다. 골퍼 가운데 슬럼프를 겪는 이들이 많을 것이다. 슬럼프를 겪는다는 것은 한마디로 자신감을 잃어버린 상태를 말한다. 이렇게 해도 안 되고 저렇게 해도 안 되다 보니 자포자기 심정이 들기도 한다. 슬럼프를 벗어나려면 어떻게 해야 할까. 혹시 스윙에 대해 너무 많은 생각을 하는 것은 아닌지 돌아보라. 슬럼프는 연습을 많이 하거나 레슨을 받는다고 극복되는

것이 아니다. 지나친 연습과 새로운 레슨은 오히려 리듬을 잃도록 만들어 슬럼프가 더욱 장기화되는 원인이 되기도 한다.

모든 샷이 안 될 때는 모든 것을 중단하라. 그리고 평소 자신이 좋아하는 프로의 스윙을 구해 반복적으로 보기 바란다. '나의 스윙은 완벽하다'는 긍정적인 마인드가 마음속에 있어야만 자신감을 회복할 수 있다. 슬럼프는 자신감을 되찾아야 극복이 가능하다. 스윙보다는 마음에서 해답을 찾아야 한다. 골프를 치면서 단 한 번도 슬럼프를 겪지 않은 골퍼는 없을 것이다. 슬럼프의 가장 큰 문제점은 샷이 잘 안 되는 것보다는 이를 인정하려 들지 않는다는 것이다. 슬럼프가 왔을 때 이를 벗어나는 첫 단계는 바로 슬럼프를 인정하는 것이다.

아마추어 골퍼에게 슬럼프는 언제 다가올까. 슬럼프는 희한하게도 성장하려는 길목에 자주 출현한다. 100타에서 90타대로, 90타에서 80타대로, 80타대에서 70타대로 진입하는 길목에서 골프가 뜻대로 안 된다. 스코어가 줄어들수록 스코어를 낮추기가 더 힘들어진다. 이 얘기는 슬럼프의 강도라는 것은, 시간이 흐를수록 더욱더 깊어지는 경향이 있다는 말과 일치한다. 그래서 골프가 어렵다는 말이 나온다. 100타를 깨기는 쉽다. 90타를 깨는 것도 그리 어렵지 않다. 그러나 80타를 깨는 것은 쉽지 않다. 대부분 이 단계에서 극심한 슬럼프를 만난다. 골프에 흥미를 잃기도 하고 골프를 그만두기도 한다. 이 단계에서 가장 중요한 것은 슬럼프를 당연하게 받아들여야 한다. '내가 왜 이런 스코어를 내지?' 하면서 자꾸 의식하고 이를 받아들이지 않으면 슬럼프에서 헤어나기 힘들다. 슬럼프를 인정하지 못하니 연습장에 가서 스윙을 바꾸고 클럽을 교체하는 등의 행동을 한다. 다 부질없는 짓이다. 슬럼프를 받아들이고 겸

허하게 인정하면서 인내하고 기다리는 길밖에 없다. 골프를 잘 치겠다는 생각을 버리고 꾸준히 자신을 관리하면 슬럼프는 어느 순간 사라지고 더욱 견고해진 자신을 발견하게 된다.

5 라운드 도중 마인드 컨트롤

라운드 도중에 해야 할 마인트 컨트롤은 구체적으로 어떤 것이 있을까. 가장 유념해야 할 것으로 '스윙리듬'을 들 수 있다. 미국 LPGA투어의 단타자로 유명한 김미현은 장타자와 라운드할 때 특히 스윙리듬을 잃지 않아야 한다고 말한다. 김미현은 "골프는 상대적인 운동이다. 장타자와 라운드를 하다 보면 자신도 모르게 힘이 들어간다. 아마추어 장타자들이 나와 라운드하다 무너지는 것을 자주 보았다. 아마 단신인 내가 아마추어들보다 볼을 멀리 치니까 더 멀리 보내려는 욕심에서 기인한 것으로 해석한다"라고 말했다. 골프를 잘 치는 사람의 가장 큰 특징은 1번 홀부터 18번 홀까지 똑같은 리듬을 유지한다는 것이다. 일정한 리듬을 유지하기 위해서는 의도적으로 스윙 과정을 일관되게 하는 작업이 필요하다. 즉 어드레스에 들어가기까지 일정한 습관, 즉 프리샷루틴(pre-shot routine)을 갖는 것이다.

필자가 만난 프로골퍼들은 골프를 잘 치기 위해서는 나름대로의 프리샷루틴을 반드시 가지고 있어야 한다고 조언했다. 프리샷루틴 없이 샷을 하게 되면 볼이 엉뚱한 방향으로 가거나 위험에 빠질 가능성이 높다. 긴장감이 더해질수록 프리샷루틴을 더 잘 지켜야 한다. 골프는 장타를 날리는 게임이 아니다. 같은 클럽으로 매번 일정한 거리를 내는 것이 더 중요하다. 프리샷루틴은 이를 가능케 한다. 스윙이 똑같기를 바라듯이 프리샷루틴도 똑같아야 한다. 그러나 불필요하게 프리샷루틴을 복잡하게 하는 것은 바람직하지 않다. 캐디들에게 재촉을 받으면서 라운드하는 아마추어들이 매 샷에서 프리샷루틴을 지키는 것이 쉽지 않다. 그럴수록 의도적으로 자신만의 프리샷루틴을 반복하려고 노력해야 한다.

예전에 박지은 프로는 아마추어들이 프리샷루틴을 하는 걸 보면 대충 몸을 흔드는 수준에 머문다고 지적한 바 있다. 그는 프리샷루틴 도중에 실시하는 연습 스윙도 실제 스윙과 똑같이 해야 한다고 강조했다. 연습 스윙을 하면서 내가 어떻게 스윙을 하겠다는 마음을 결정한다는 뜻이다. 연습 스윙 때는 아무 생각 없이 대충 스윙만 하고 어드레스를 취하면서 어떻게 스윙하겠다고 결정하면 그때는 이미 늦다. 프리샷루틴 과정 속에서 어떤 샷을 날리겠다는 결정이 나야 한다. 심리도 프리샷루틴의 일부다. 내가 샷을 하기 전에 무슨 생각을 하는지도 염두에 둬야 한다. 프리샷루틴이 없다면 프로들의 스윙을 보면서 연습장에서 이를 만들고 몸에 배도록 연습해보자. 프리샷루틴은 다른 사람들이 보고 지적해주면 더욱 효과적이다. 동반자가 잘 맞을 때의 프리샷루틴을 기억했다가 미스샷이 났을 때 조언해주면 훨씬 도움이 될 것이다. 우선 자신이 샷을 하기 전에 하는 동작들을 메모지에 적어본다. 보통 8~10가지 정도가 나온다. 심리적인 부분도 포함시킨다. 이를 '골프 친구'에게 보여주고 자신이 그대로 하는지 체크해달라고 한다. 연습장이나 실전 라운드에서 체크하면 좋다. 이런 과정을 체크하고 아울러 샷의 결과도 메모해둔다. 동작이 정확히 반복되고 있으면 샷을 할 때 마음이 편안해진다.

스코어 관리를 위해 마인드 컨트롤은 어떻게 해야 하는 것일까. 미국 LPGA투어에서 뛰는 박희정은 라운드하면서 지금 치고 있는 이 홀만 생각한다고 한다. 어느 홀에서 버디를 했는지 스코어카드를 봐야만 알고, 몇 개의 버디를 했는지 모를 정도로 한 홀 한 홀에 집중한다고 한다. 아마추어들이 박희정처럼 한 홀에 모든 것을 집중하기는 사실상 어렵다. 일단 매 홀에서 1타를 더 치겠다는 생각을 하는 것이 바람직하다. 그러면 무리한 샷이 덜 나온다. 버디 기회가 와도 파세이브만 하겠다는 마음가짐을 가져라. 무리하게 버디를 잡으려다 보기를 범하는 경우가 얼마나 많은가. 특히 짧은 파4홀이 나오면 버디를 하겠다는 생각은 버려야 한다. 파세이브가 최상이라는 전략이 중요하다. 이것만 제대로 지켜도 스코어가 눈에 띄게 좋아진다.

다음으로 처음 세 홀과 마지막 세 홀을 가장 조심해야 한다. 여기에서 무리하면 안 된다. 최대한 안전하게 코스를 공략해야 한다. 두 번째 샷이나 어프로치샷을 하기 좋은 곳으로 공을 보내려는 마음가짐을 갖고 이를 실행에 옮길 필요가 있다. 위험에 빠지면 자칫 스코어 몰락으로 이어질 수 있으므로 자신이 가장 좋아하는 클럽의 거리에다 공을 가져다 놓아야 한다. 공을 페어웨이로만 보내겠다는 생각보다는 OB나 해저드, 벙커 등 위험 요소를 피하겠다는 안전 위주의 전략이 요구된다. 무조건 공을 그린 근처로 보내려고만 하지 말고 러프에 가더라도 안전한 길을 택하는 것이 중요하다. 파를 잡기 어려우면 자신의 실수를 인정하고 보

기로 막겠다는 자세를 가진다. 스윙 리듬이 좋은 사람과 라운드하면 그 스윙을 보기만 해도 리듬이 한결 좋아진다. 반면 스윙이 빠른 사람을 만나면 조심해야 한다. 스윙 리듬을 잃었을 때는 일부러 모든 것을 느리게 행동하도록 한다. 걸음도 천천히 걷고 느린 노래를 흥얼거린다. 아예 라운드하러 오는 길에도 빠른 노래는 피하고 느리고 조용한 음악으로 마음을 차분하게 만드는 것도 요령이다.

6 골프를 잘하려면 '3저(低)'가 필요하다.

골프를 잘 하려면 '3저'가 필요하다.
첫째는 '저자세'다. 골프하는 사람은 겸손해야 한다. 남들 앞에서도 겸손해야 하지만 코스 앞에서도 자신을 낮출 줄 알아야 한다. 골프 좀 한다고 남을 우습게 여기는 사람은 코스도 우습게 보는 경향이 있다. 솔직히 이런 사람들은 자신의 스코어를 과장되게 생각하는 공통점이 있다. 실력은 90타 전후인데 행동은 70타대를 치는 사람처럼 행동한다. 새로운 코스에서 라운드를 하면서도 자신의 핸디캡이 반드시 나와야 한다는 것도 코스를 우습게 보는 태도다. 아마추어의 골프는 하루 만에 20타 이상이 왔다갔다 할 수도 있다. 당신의 골프는 아무것도 아니다.
둘째는 '저리스크'다. 골프는 철저히 위험을 피하는 자세가 중요하다. 모험은 금물이라는 얘기다. 공격적인 골프는 결코 좋은 결과를 내지 않는다. 간혹 프로들 중에 공격적이고 위험한 플레이를 하는 것을 종종 볼 때가 있다. 그러나 그런 프로들은 결코 꾸준히 좋은 성적을 내지 못한다. 한참 배워야 하는 프로다. 아마추어 골퍼는 100% 모험적인 샷을 할 이유가 없다. 벙커를 넘기면 그린과 가까워진다거나 200야드 거리에서 우드로 그린을 공략하는 것이 공격적인 코스 공략이라는 생각은 착각이다. 아마추어 골퍼가 생각하는 공격적인 샷이란 모두 무모하기 짝이 없다.

마지막으로 '저의존' 이다. 골프에서는 남에게 의존할 일이 별로 없다. 스스로 겸손하고 안전하게 골프를 치면 된다. 새로운 클럽을 구입하면 거리가 늘어날 것으로 생각하는 것이나 레슨을 받으면 실력이 향상되리라는 판단은 착각이다. 조금만 스윙이 안 되어도 남의 조언을 들으려는 자세도 그리 바람직하지 않다. 스스로 하려는 자세가 중요하다. 항상 남의 도움을 바라면 의존적인 스윙이 형성돼 스윙의 편차가 심해진다.

7 한계를 인정해야 골프를 이해한다

박세리, 박지은, 데이비드 듀발 등의 사례에서 보듯이 골프에서는 세계적인 신수들도 넘을 수 없는 '자신만의 한계'를 갖고 있다. 이 한계를 인정하지 않으면 예상치 못한 문제가 발생한다. 골프에서는 한계를 무시하는 일들이 수도 없이 벌어진다. 아마추어 골퍼들은 어떤가. 자신의 한계는 잊은 채 골프를 하고 있지는 않은가. 실제 라운드에서 자신의 한계를 무시하는 사례를 들어보자.

_ 라운드할 때 페어웨이 벙커로 공이 들어갔다. 자신이 무슨 클럽을 들고 서 있는지 발견해보라. 그럼까지 거리가 한참 남을 경우 롱아이언이나 하이브리드클럽을 들고 간다.

_ 공이 그린 바로 옆에 멈췄다. 퍼팅하듯이 8번이나 9번 아이언으로 굴려 치면 될 거 같은데 샌드웨지를 들고 '로브샷'을 시도한다.

_ 공이 나무 사이로 들어갔다. 전방에는 나무가 많아 앞으로 나가기가 힘들다. 그런데 어드레스 자세는 나무를 뚫고 갈 태세다.

연습할 때도 마찬가지다. 평소 드라이버샷 거리가 200야드인 골퍼가 연습장에서 매일 드라이버샷 연습을 한다. 연습하면 거리가 늘어나는 줄 알고. 차라리 로또에 당첨되기를 바라는 것이 낫지 않을까. 한계를 인정해야 골프를 제대로 알 수 있다. 자신의 드라이버샷의 한계를 안다면, 그것이 현재의 연습 방법으로 도저히 바꿀 수 없음을 인정한다면, 다른 방법을 찾게 된다. 드라이버샷 연습 대신에 어프로치샷 연습에 몰두하는 것이다.

실전에서는 더욱더 '한계를 인정하는 골프'를 해야 한다. 성공 확률이 80~90%에 이르지 않으면 절대로 샷을 시도하면 안 된다. TV에서 본 샷을 흉내 내거나 한 번도 시도해본 적이 없는 샷을 시도하는 것은 무모하기 그지없다. 자신의 한계는 자신만이 안다. 주변 사람이나 레슨 도우미들은 당신의 한계를 모른다. 골프를 하면서 매사에 '나의 한계를 인정하자'는 자세로 임해야 한다. 요즘 잘 안 맞는 사람들은 한계를 느끼는 것이다. 이를 받아들이고 지금까지 하던 연습과는 다른 방법을 택하기 바란다. 반대로 요즘 너무 잘 맞고 있는 골퍼들은 자신이 한계에 다달았음을 깨닫고 대비하기 바란다.

8 누군가에게 한 수 배우려고 하지 말라

한국 사람들이 미국으로 건너가는 경우 대부분 현지에서 도와주는 사람들이 있다. 친지나 지인이 없으면 대행 회사를 통해서라도 유학이나 이민을 간다. 미지의 세계에 대한 불안감과 시행 착오를 줄여보기 위함일 것이다. 필자도 2009년 미국으로 MBA 공부를 하러 가면서 미리 대학에 있는 사람들에게 정보도 얻고 도움도 받았다. 그리고 미국에 가자마자 한인 교회에 등록했다. 언젠가 한국 교포 사회는 현지 교회를 중심으로 이뤄진다는 말을 들은 적이 있었기 때문이다. 교회에서 정보도 주고받고 비즈니스도 함께 하고 먼 이국땅에서 서로 기대며 산다는 것이다.

미국에서 지낸 시간을 되돌아 보면 그렇게 남의 도움을 기대하는 것이 바람직했는지 생각해보게 된다. 처음에 미국 현지 사정을 모르니 그곳에 사는 사람들의 조언을 들으면 당연히 도움이 될 것이다. 그런데 시간이 지나고 보면 어떤 것은 도움이 됐지만 어떤 것은 아예 도움을 받지 말았어야 할 것들이 많았음을 깨닫게 되었다. 한국 사람들의 도움을 굳이 수학적으로 따져 풀면 플러스 마이너스의 값은 거의 제로 수준이었다. 도움을 받을 당시에는 너무 고맙지만 시간이 흐른 뒤 스스로 여러 가지를 깨달으면서 '여기 와서 스스로 혼자 했더라면 더 좋았을 텐데…' 하는 생각이 드는 것들이 많았다. '화장실 들어갈 때와 나올 때가 다르다' 라는 말처럼 아쉬울 때는 도움을 호소하다가 나중에 딴소리하는 격이지만 그런 게 한두 가지가 아니었다. 심지어 이용을 당하기도 한다. 한국 사람이 새로 들어오면 차를 구입할 때 자신이 잘 아는 카센터 주인을 소개한다거나 이런저런 돈이 들어갈 때 자신들에게 유리한 방향으로 문제를 해결하거나 심한 경우 사기에 가까운 일을 당하기도 하기 때문이다. 필자는 얼마 지나지 않아 한국 사람들로부터 더 이상 도움을 받지 않기로 결단을 내려야 했었다. 도움을 받기 위한 만남을 지속해 봐야 시간만 낭비할 뿐이라는 판단이 들었다. 한인 교회를 그만두고 동네 근처의 미국인 교회로 바꿨다. 어떤 일이든 직접 부딪히는 편이 훨씬 더 나았음을 배운 값진 경험이 되었다.

 골프에 처음 입문할 때는 누구나 답답하다. 미지의 땅에 발을 들여놓은 것처럼 정보도 없고 어디로 가야 할지 방향도 모르는 상황이다. 그래서 주변 사람에게 도움을 요청하거나 연습장에 가서 레슨을 받으려고 한다. 그러나 시간이 지나고 나면 혼자해도 큰 문제가 없었다는 것을 깨닫게 된다. 미국에 처음 들어갈 때 도움 받는 것은 매우 원초적인 사안들이다. 예를 들어 공항에 도착하면 누가 마중을 나온다거나 무거운 짐을 실어준다거나 길 안내를 해주는 것 등이다. 골프에서도 처음에 도움을 받을 수 있는 것은 클럽을 어디에서 사고, 골프장은 어떻게 가고 하는 식의 원초적인 수준에 그친다. 조금만 신경 쓰면 알 수 있는 것들이다. 스윙은 처음에 잘 배워야 한다고 주장하는 사람들이 있지만 기초적인 스윙은 TV나 비디오, 책 등을 보면 누구나 알 수 있다. 지나치게 남의 도움을 바라는 것은 골프나 인생 모두에 그리 바람직하지 못하다.

골프를 하면서 자꾸만 주변 사람의 도움을 받거나 연습장에서 레슨을 받으려고 하지 말라. 도움 될 것이 거의 없다. 혼자 알아서 할 수 있다. 인생은 스스로 개척하면서 살아야 하듯이 골프도 스스로 알아서 해야 한다.

9 배운 것은 자신의 것이 아니다

골프에서 기술을 남에게 배우는 것은 쉽지만 이를 자신의 것으로 만들기는 매우 어렵다. 특히 쇼트게임은 스윙에 비해 배우기가 쉬운 편이지만 배운 대로 따라 하기는 힘이 든다. 쇼트게임은 감각적이다. 머리로 이해하거나 이성적으로 받아들여 이를 활용한다는 것은 말처럼 용이하지 않다. 그러나 스윙에 비해 이런저런 요령을 배우기 좋은 것도 쇼트게임인 만큼 이제는 자신의 것으로 만들어야 한다. 예를 들어 그린 주변에서 9번 아이언으로 굴려 진다고 하자. 9번 아이언으로 친 공이 얼마만큼 굴러갈지는 그야말로 각자에게 달려 있다. 각자의 감각에 따라 나타나는 결과는 천차만별이다. 잘하는 사람이 저렇게 하니까 나도 똑같이 따라 하면 되겠지 하는 것은 자칫 당신을 혼란에 빠뜨릴 수 있다.

인간은 자신도 모르게 남의 행동을 좇는 습성이 있다. 그러나 그러한 모방 동작은 자신의 것이 아니다. 골프의 샷은 모두 자신의 감각에서 자연스럽게 흘러나와야 한다. 배우고 나서 바로 그 동작이 실행된다면 골프가 얼마나 쉽겠는가. 배운 것을 자신의 것으로 만드는 지혜가 무엇보다 중요하다. 골프에 필요한 동작을 자신의 감각으로 만들기 위해 노력해야 한다. 배운 것은 자신의 것이 아니다. 당장 효과가 나타나는 듯해도 시간이 흐르면 배운 대로 되지 않는다.

10 하수들이 결코 이길 수 없는 것

골프 칼럼니스트인 데이비드 리네키가 쓴 《Deals on the Green》이라는 책에 보면 프로골퍼 조 오길비에 대한 이야기가 나온다. 오길비의 고향은 '투자가의 황제'로 유명한 버크셔해서웨이의 워렌 버핏 회장이 머물고 있는 미국 오하이오 주 오마하다. 어린 시절부터 잔디를 깎아 번 돈으로 주식을 살 정도로 경제 감각이 뛰어났던 오길비는 오마하에서 매년 열리는 버크셔해서웨이의 주주총회를 보면서 자랐을 것이다. 세계에서 가장 비싼 주가를 자랑하는 버크셔해서웨이는 1주당 가격이 15만 달러를 넘는다. 그러니까 1주만 갖고 있어도 우리나라 돈으로 1억 7000만~1억 8000만 원을 갖고 있는 부자인 셈이다. 그런 부자들이 매년 오마하에 모여 버핏의 투자 철학을 들으면서 축제를 벌이는 것이 연례행사다. 이를 보고 자란 오길비는 당연히 버핏을 가장 존경하는 인물로

뽑았고 실제로 친해져 친구 사이가 되기도 했다.

오길비는 프로골퍼 생활을 시작하면서 투자를 받았다. 2부 투어인 내셔와이드 투어를 시작하면서 투어 경비 4만 6000달러를 투자자들로부터 받았다. 계약 조건은 첫 우승을 하면 상금의 80%를 돌려주고 두 번째 우승은 50%, 세 번째 우승시에는 10%를 건네주기로 했다. 2월 중순 투자자들과 계약을 했는데 오길비는 바로 그 다음 주에 우승컵을 안았다. 우승 상금 4만 6000달러의 80%를 돌려줬다. 8개월 만에 투자자들은 78%의 수익을 거뒀다.

오길비는 책에서 다음과 같이 인상 깊은 말을 남겼다. 필 미켈슨과 라운드를 하면서 미켈슨이 자신이 뛰어난 선수라고 생각해주기를 바랐다고 한다. 하지만 미켈슨은 오길비와 라운드하면서 바란 것은 라운드하는 동안 다른 방해를 받지 않고 즐겁게 골프를 치는 것 뿐이었다고 한다. 상대방이 잘 치든, 못 치든 미켈슨은 아무 상관이 없었다. 오길비가 빼어난 성적을 올려도 관심이 없었다. 오길비는 당시 깨달은 점을 이렇게 말했다. "아무도 내가 얼마나 대단한지 정말 관심을 갖고 지켜보는 사람은 없다. 남에게 칭찬받기보다 나 자신에게 인정받는 것이 중요하다."

사람은 누구나 인정받고 싶어 한다. 이런 속성은 골프에서도 여지없이 드러난다. 남보다 잘 치고 싶고 남들에게 훌륭한 드라이버샷과 기가 막힌 아이언샷, 똑소리 나는 퍼팅 실력을 과시하고 싶다. 하지만 그런 기대는 매번 예상을 빗나가기 일쑤다. 상대방은 당신의 골프 실력에 솔직히 관심이 없다. 잘 친다는 칭찬 중에서도 당신의 단점을 훤히 들여다 보고 있다. 비웃지 않는 것이 다행이다. 당신이 동반자들보다 더 잘 치

려고 애를 쓸수록 동반자는 당신을 더욱더 좋게 생각하지 않는다. 실력으로 상대를 제압하려는 것처럼 어리석은 것이 없다. 상대는 결코 실력으로 제압당하지 않는다. 골프 실력은 뒤늦게 배운 사람이라도 1~2년 만에 당신을 따라잡을 수 있다. 이른바 '하수' 들이 결코 이길 수 없는 장점을 길러야 한다. 그것은 실력이 아니라 진심에서 우러나오는 격려와 조언, 상대방을 배려하는 능숙함 등인 것이다.

11 절대 우승 못하는 프로

국내 골프 대회를 취재하면서 한 가지 느낀 점이 있었다. 대회장에서 라운드를 마치고 클럽하우스로 들어오는 프로골퍼들을 접하면 상당수가 "오늘 그린이 너무 어려웠다", "핀 위치가 너무 고약하다", "바람이 너무 불었다", "티오프 시간 배정을 잘못 받았다", "경기 위원이 자신에게만 불이익을 줬다" 등등 불만을 토로한다. 그린이 빠르다거나 바람이 너무 분다는 등 코스 조건이나 날씨는 사실 모두에게 똑같은 상황이다. 티오프 시간은 오전과 오후가 다를 수 있다. 오전에 출발한 선수들은 바람의 영향을 별로 받지 않았으나 오후에 출발한 선수들은 거센 바람 속에서 라운드하기도 한다. 그래서 프로 대회에서는 첫날 오전에 플레이한 선수는 이튿날 오후에 플레이하도록 배정하는 것이 원칙이다.

필자는 프로골퍼들의 불만을 들으면서 중요한 한 가지를 알게 됐다. '불만을 토로하는 골퍼는 결코 우승하지 못하더라' 는 것이다. 우승에 근접한 선수들은 별로 불만을 말하지 않는다. 물론 대회 주최 측이 우수 선수들에게 티오프 배정에서 약간의 혜택을 주는 측면이 없지는 않지만 그것이 우승을 좌우할 정도로 큰 것은 아니다. 예전에 잭 니클라우스도 이와 비슷한 경험담을 말한 바 있다. 그는 많은 우승을 하게 된 비결을 묻는 질문에 대회에서 실제로 우승 경쟁을 펼치는 선수가 많지 않았다고 답했다. 니클라우스는 대회장에서 만난 선수들 가운데 골프장 여건을 두고 불평하는 선수를 만날 때마다 우승 경쟁자에서 제외시켰다. 그렇게 제외하다보니 우승 경쟁을 할 만한 선수가 별로 남지 않았다고 한다.

  아마추어 골퍼들에게도 이러한 원칙은 그대로 들어맞는다. 샷이 안 되면 골프장 탓을 하고 캐디 탓을 하는 골퍼들이 있다. 골프채를 탓하기도 하고 전날 마신 술 얘기도 하고 요즘 과로했다는 핑계도 댄다. 남과 상황을 탓하기에 앞서 라운드를 준비하는 자신의 태도나 마음가짐은 어떠했는지를 생각해야 한다. 불평과 불만은 골프에 아무런 도움이 안 된다. 불평을 일삼는 프로는 절대로 우승하지 못한다. 마찬가지로 매사에 불만을 드러내는 골퍼는 절대로 골프를 잘 칠 수 없다. 주어진 여건을 수용하고 이에 맞춰 라운드를 해야 하는 것이 골프다.

9 골프와 룰

1 골퍼를 배제한 채 발달한 골프룰

　클럽 기술이 발달했다는 말을 자주 들어봤을 것이다. 그래서 골퍼들의 기량이 향상됐을까. 이에 동의하는가. 클럽 기술은 거의 발달하지 않았다. 해마다 클럽을 팔기 위한 상술에 의해 이 모양 저 모양으로 디자인만 바꿨을 뿐이다. 클럽의 기술 발달은 소재의 변화 정도에서만 찾을 수 있다. 나무에서 스틸이나 티타늄으로 바뀐 것이 거리 증대에 조금 기여했을 뿐이다. 골프는 얼핏 보면 과학적인 듯하다. 골프클럽 제작에 반영되는 기술은 다양하고 화려하기 그지없다. 용어조차 생소하다.
　그런데 클럽을 가만히 들여다보면 인간, 즉 클럽을 사용하는 골퍼가 빠져 있다. 기껏해야 상급자, 중급자, 초보자용으로 분류해놓은 것이 골퍼에 대한 배려다. 이것도 클럽메이커들이 클럽을 팔기 용이하게 갖다 붙인 것이다. 라이 각, 로프트 각, VFT기술, 튜닝, 저중심 설계 등 골퍼들 중에 클럽의 복잡한 원리를 아는 사람이 얼마나 될까. 처음 듣는 사람들을 주눅 들게 하는 이러한 단어들을 동원해 골프클럽이 과학적인 듯한 착각을 불러일으킨다. 그러나 드라이버에서 로프트 각 10도니, 11도니 하는 것이나 샤프트 플렉스가 레귤러니, 스티프니 하는 것 등은 통일된 기준이 없다. 시중에 나온 클럽들의 사양은 메이커별로 모두 제각각이다.

클럽 제작시 골퍼들을 철저히 배척한 또 다른 사례로 '반발력 제한'이 있다. 미국골프협회(USGA)와 영국왕립골프협회(R&A)는 드라이버의 거리가 많이 난다는 이유로 헤드페이스면의 반발력을 제한하고 있다. 그런데 아마추어 골퍼들은 200야드도 못나가는 경우가 수두룩하다. 오히려 반발력을 늘려줘야지 그 반대로 하고 있지 않는가. 반발력 제한은 프로골퍼들을 대상으로 한 것이다. 그런데 골퍼들 중에 프로가 차지하는 비율이 얼마나 되는가. 한국으로만 따지면 불과 몇천 명에 불과한 프로들을 위해 200만~300만의 골퍼가 반발력이 제한된 드라이버를 써야 한다는 것이다. 이건 말이 안 된다.

아마추어 골퍼를 고려하지 않는 골프 정책의 사례는 2010년부터 적용된다는 '새 그루브 룰'에서도 찾아볼 수 있다. 그루브(groove)란 클럽 페이스면에 파인 홈을 말한다. 아이언 헤드페이스를 보면 줄이 처진 것처럼 보이는 것이 그루브다. 그루브는 볼에 스핀을 주는 역할을 한다. USGA와 R&A는 이 그루브의 크기를 제한한다고 한다. 제한하는 이유는 스핀을 억제하기 위함이란다. 골프 대회를 보면 프로들이 친 공이 그린에 떨어진 뒤 바로 멈추거나 공이 앞으로 가지 않고 뒤로 이동하는

'백스핀'을 구사하는 것을 봤을 것이다. 이를 최대한 못하도록 막아보겠다는 것이다.

이런 정책을 펴는 USGA와 R&A는 도대체 무슨 생각을 하는지 모르겠다. 도무지 아마추어 골퍼들은 안중에도 없는 것 같다. 그들이 모여서 하는 일이라곤 '뭐 규제할 거 없나' 하는 것이 전부인 것처럼 보인다. 아마추어 골퍼들을 배려하고 이들이 좀 더 골프에 재미를 느끼고 즐길 수 있도록 정책을 발표하는 것을 거의 본 적이 없다. 프로들이 그린에서 공을 멈추게 하고 백스핀을 먹이는 것이 뭐가 잘못됐나. 오히려 갤러리들에게 멋진 모습을 선사하면서 골프 대회 관람의 묘미를 느끼게 하는 요소다. USGA와 R&A는 프로들이 러프에서 친 샷이 그린에서 백스핀을 먹는 것을 보고 페어웨이와 러프에서 치는 샷의 차이가 별로 없어 이처럼 규제를 가했다고 한다. 규제의 이유 치고는 너무 궁색하다. 러프에서 친 공이 그린에서 잘 멈춘다고 클럽을 규제한다는 발상은 참으로 이상하다. 러프와 페어웨이의 차이를 확연하게 하기 위해서는 러프를 길게 기르면 해결될 문제다. 그루브를 규제한다고 해도 프로들은 얼마든지 이에 적응할 수 있다. 프로들은 대회에 맞춰 클럽을 세팅한다. 러프가 길면 아이언 헤드를 날카롭게 갈아서 나온다. 그루브를 제한하면 거기에 맞춰 다시 피팅을 해버린다. 자유자재로 조절할 수 있도록 클럽메이커들이 대회장 주변에서 지원을 해준다. 진실로 클럽으로 인한 프로들의 혜택을 막으려면 대회장에 상주하는 클럽메이커들의 '피팅카'가 진입하지 못하도록 해야 할 것이다.

그런데 이런 개념 없고 무책임한 룰의 피해는 매번 아마추어 골퍼들에게 돌아온다. 앞으로 클럽메이커들은 USGA와 R&A의 룰에 따라 아이언을 제작할 것이다. 아마추어 골퍼들에게는 2024년부터 새로운 그루브 룰이 적용된다고 해도 클럽메이커들이 규제에 맞춰 조기에 생산 라인을 바꿔버리면 아마추어 골퍼들로서는 선택의 여지가 없다. 클럽에 대한 규정이 오로지 프로골퍼만을 대상으로 정해지면서 아마추어 골퍼는 '울며 겨자 먹기' 식으로 따라갈 수밖에 없는 형국이다.

2 프로들, 경기 위원들도 잘 모르는 골프룰

골프에서 가장 어려운 것은 '골프샷'이나 '멘탈'이 아니라 아마 '룰(rule)'일 것이다. 아무리 듣고 들어도 헷갈린다. 필자가 보기에 룰을 100% 완벽하게 지키는 사람은 전무하다고 해도 과언이 아니다. 일부 아마추어 고수들 중에는 골프 실력을 향상시키고 싶으면 "룰을 제대로 알아야 한다"라고 말한다. 틀린 말이 아니다. 골프를 하게 되면 룰을 아느냐, 모르느냐에 따라 엄청난 스코어 차이가 나는 것이 사실이다. 예를 들어 해저드에 물이 없어 샷을 하는 데 아무런 지장이 없는 경우 해저드로 들어가 클럽을 지면에 닿지 않게 하면서 공을 칠 수 있다. 해저드라도 공을 칠 수만 있다면 벌타 없이 칠 수 있다는 룰을 아는 골퍼는 1벌타의 손해를 피해갈 수 있는 것.

골프에서 이처럼 룰을 알면 이득을 볼 수 있는 상황이 있다. 그래서 아마고수들 가운데 상당수가 룰을 알아야 고수가 된다는 말을 한다. 이들이 이런 말을 하게 된 이유는 결국 룰을 몰라 손해를 입지 말라는 뜻이다. 룰을 제대로 알면 위기 상황 때 자신에게 유리하게 룰을 적용할 수 있다는 것이다. 그러나 이 정도 수준까지 룰을 이해한다면 거의 '싱글'에 준하는 실력을 갖추고 있는 사람이다. 오랜 시행착오와 경험을 통해 그런 룰을 습득했을 가능성이 높은 것이다. 골프 실력은 룰을 얼마나 아느냐에 따라 정비례한다. 완벽하게 룰을 지키고 싶어도 'OB티' 같은 국내 골프장에만 있는 독특한 '로컬룰'로 인해 룰은 변형되고 수정돼 본인의 의지와 상관없이 룰을 어길 수밖에 없다.

룰이 얼마나 지키기 까다로운지 보여주는 단적인 사례를 찾아보겠다. 필자는 미국의 프로 대회를 수차례 취재하면서 프로들이 어떻게 룰을 지키는지 유심히 관찰했다. 예를 들어 한 프로가 친 공이 '무벌타 드롭'이 가능한 지주목 아래로 들어갔다. 상당수 아마추어 골퍼들도 인공 장애물인 지주목이 스윙에 방해를 줄 경우 무벌타 드롭이 가능하다는 것쯤은 알지만 '경기 위원이 올 때까지 기다린다'가 정답이다. 프로 대회에서는 절대 임의로 프로 스스로가 룰을 적용하지 않는다. 왜 그럴까. 괜히 건드렸다가 불이익을 당할 수 있기 때문이다. '돌다리도 두드리고 간다'는 심정으로 경기 위원을 호출해놓고 경기 위원의 지도 아래 드롭해야 나중에 문제의 소지를 제거한다.

예전에 미셸 위가 프로데뷔전을 치르던 삼성월드챔피언십에서 실격당할 때 필자는 바로 그 옆에 있었는데, 그때 미셸 위의 공은 도저히 칠 수 없는 상황이었다. 페어웨이 바로 옆 맨땅과 비슷한 곳에 조그만 나무들이 심어진 곳에 공이 떨어져 스윙이 불가능했다. 1벌타를 받고 드롭해야 하는 상황. 그런데 미셸 위는 캐디랑 몇 마디를 주고받더니 드롭 지역을 설정한 뒤 바로 공을 집어 드롭했다. 대부분의 프로들은 캐디의 의견도 참고하지만 무조건 경기 위원을 기다린다. 미셸 위는 너무 쉽고 당연한 행위로 생각하고 드롭을 강행했고 결과는 참담했다. 데뷔전에서 실격. 미셸 위는 드롭을 하면서 드롭 위치가 그린과 가까워져서는 안 된다는 룰을 어기고 말았다. 미셸 위는 그날 눈물을 펑펑 쏟으면서 돌아갔다. 미셸 위는 그날 무엇을 배웠을까. '룰'을 잘 지켜야 한다는 것을 배웠을까. 아니다. 어떤 상황이 벌어져도 무조건 경기 위원을 부르겠다는 것을 배웠을 것이다.

이쯤 되면 '룰'의 적용이 얼마나 현실과 괴리되어 있는지 파악할 수 있을 것이다. 아마추어 골퍼들은 경기 위원을 부를 수도 없다. 애초에 룰을 100% 지킬 수 없는 상황에서 라운드를 해야만 하는 것이다. 대부분의 경기 위원들이나 룰에 해박한 전문가들은 '룰'이란 것은 선수들이 더욱 경기를 잘하도록 도와주는 장치라고 말하고는 한다. 그러나 현실은 전혀 그렇지 않다. '룰'은 문제의 소지를 없애기 위해 조심해야 하는 것일 뿐이다. 엄청난 돈을 걸고 골프를 하는 프로들의 세계에서는 엄격한 룰 적용이 필요할 것이다. 그래서 경기 위원들이 상주하면서 분쟁의 소지가 될 만한 일을 처리한다. 그러나 돈벌이와 무관한 아마추어 골퍼들이 프로들과 똑같이 룰을 적용해야 할까.

필자가 여기에서 주장하고 싶은 것은 실력이 없는 사람도 기본적인 룰을 빠르게 습득할 수 있는 방법을 찾자는 것이다. 그것은 프로들을 규제하기 위해 만든 룰에 의지하지 말고 한국 아마추어 골퍼들이 받아들일 수 있는 '아마추어 룰'을 통용시키자는 것이다. 현재 골프룰은 경기 위원들조차 헷갈려 하고 자신 없어 할 정도로 복잡하고 까다롭다. 이로 인해 누구도 룰에 대해 숙지하려는 태도 대신 거부감을 먼저 갖는 경향이 강하다. 룰을 신봉하는 사람은 그 룰을 절대적으로 따르고 그렇지 않은 사람은 아예 무시한 채 멋대로 골프를 강행하는 것이 현실이다. 따라서 아마추어 골퍼들에게 쉽게 적용할 수 있는 룰이 통용되어야 할 것이다.

3 정상적인 라운드가 불가능하다

골퍼라면 누구든 라운드 직전 '오늘 한 번 제대로 쳐야겠다'고 마음먹는다. 그러나 남이 정리하지 못한 벙커 발자국에 공이 들어가거나 캐디가 클럽을 잘못 알려주거나, 어이없는 코스 상태 등으로 인해 골프를 망치는 경험을 해봤을 것이다.

대부분은 티오프 시간 직전에야 골프장에 도착하거나 새벽 라운드로 인해 거의 시간에 임박해서 도착하기도 바쁘기 때문에 코스 상태 점검은커녕 몸을 풀 겨를도 없다. 경기를 도와줘야 할 캐디는 재촉하기 바쁘고 오히려 골퍼들의 심리를 어지럽히고 흔들리게 하는 역할을 더 자주 한다.

코스 상태는 또 어떤가. 디보트홀이 여기저기에 널려 있고 벙커에 공이 들어가면 남의 발자국에 떨어지는 일이 다반사다. 그린 빠르기는 종잡을 수 없고 여기저기에 발자국이 어지럽다. 이런 상태에서 아마추어들이 하는 골프는 프로들의 골프와 비교 자체가 불가능하다. 미국에서 열린 프로골프 대회를 현장에서 취재하면서 프로들이 부러웠던 것은 너무나 완벽한 조건에서 골프를 친다는 것이었다. 대회 주최 측과 골프장은 코스 상태를 완벽하게 갖춘다. 디보트홀도 없고 벙커에 발자국도 없고 그린에 어떤 손상도 없다. 뿐만 아니다. 대회가 열리기 전에는 미리 연습 라운드를 한다. 연습 라운드를 할 때는 한 자리에서 여러 번 공을 치기도 한다. 코스를 완벽하게 익힌 다음에 공식 라운드에 들어간다. 여기에 캐디가 전담으로 따라붙으면서 거리를 측정하고 클럽에 대한 조언을 해준다. 흔들릴 때는 심리적인 동요를 막아주는 역할도 해준다. 라운드 전에는 몸을 충분하게 풀어준다. 스트레칭도 하고 드라이빙 레인지에서 샷도 가다듬고 퍼팅 연습도 마친다. 라운드 전 프로들에게 주어진 상황을 보면서 아마추어들의 라운드를 돌아다보면 이건 사실상 정상적인 라운드라고 할 수가 없다. 이미 우리 아마추어들은 정상적인 골프가 불가능하다. 이런 상황에서 프로들처럼 골프를 치겠다고 생각하면 안 된다. 아마추어 골프의 현실이 그렇다. 이런 상황에서 왜 우리가 스트레스를 받으면서 골프를 쳐야 하는가. 우리의 상황에 맞춰서, 즐겁게, 스트레스 받지 않고 라운드하는 방법을 개발해야 한다.

4 아마추어에 적합한 골프룰

골프는 아직도 일반인들이 접근하기에 높은 벽이 있는 운동으로 비친다. 국내에서는 돈 많은 사람들이 하는 운동으로 인식돼 위화감을 조성한다는 식의 배타적인 시각이 지금도 존재한다. 클럽을 구입하는 데 돈이 든다거나 비싼 레슨을 받아야 한다거나 골프장 갈 때 외제 자동차 정도는 있어야 대접을 받는다는 식으로 높은 장벽이 쌓여 있다.

경제적인 여건뿐 아니라 골프 내부적으로 다양한 진입 장벽을 만들어놓고 있다. 아마추어 골퍼들의 기를 죽이고 권위에 도전하지 못하도록 해놓은 여러 가지 '눈에 보이지 않는 장벽'들이 존재한다. 대표적으로 룰에 대한 장벽이 있다. 어떤 운동이든 운동에는 룰이 있다. 그 운동을 하기 위해서는 룰이 필수다. 룰이 없다면 운동은 그야말로 존재 가치가 없을 것이다. 그런데 골프룰은 지나칠 정도로 과장되게 포장되고 왜곡된 채 아마추어들의 골프를 괴롭히는 존재로 자리 잡고 있다. 왜 이런 일이 빚어졌을까. 우리는 먼저 골프룰에 대해 새로운 인식을 할 필요가 있다. 골프룰이 아마추어 골퍼를 돕기 위한 것인지, 아니면 골퍼를 곤경에 빠뜨리기 위해 존재하는 것인지 명확히 할 필요가 있다.

아마추어 골퍼들은 룰에 대해 알기도 전에 '이건 해선 안 된다', '그렇게 하면 벌타다'라는 식으로 룰을 접한다. '골프룰'을 '이런 건 해서는 안 된다'라는 식으로 접근하면 끝이 없다. 그렇게 룰을 배우기 시작하면 그 누구도 룰을 알 수 없고 지킬 수도 없다. 룰은 골퍼들을 지배하기 위해 존재하는 것이 아니다. 또 골프에 영향을 미쳐서도 안 된다. 단지 아마추어 골퍼들이 골프를 즐길 수 있도록 원칙만 세워주면 그 기능을 다한 것이다. "룰을 안 지키는 사람과는 상종도 안 한다"는 골퍼들이 있다. 그만큼 룰이 중요하고 골프의 근간이라고 믿는 사람들이다. 물론 바람직하다. 하지만 그런 원칙은 아마추어들에게는 자칫 부담으로 작용할 수 있다. 그런 사람은 함께 골프를 칠 수 있는 사람이 한정될 수밖에 없다. 어떤 날은 '룰'을 거스르는 상대방의 행위로 인해 골프를 망치게 되는 등, 본인의 정신 건강만 해롭게 된다. 한편으로 룰을 느슨하게 풀면 골프가 엉망이 될 것이라고 생각하는 이들도 있겠지만 그건 지나친 기우일 수 있다. 아마추어 골퍼를 위해 적용하는 룰은 매우 유연하게 적용돼야 한다. 그날 동반자 가운데 이른바 '터치플레이'를 하는 사람이 있다면 모두 그렇게 해 볼 수 있을 것이다. 벙커에 남겨진 신발 자국이 거슬리면 합의 하에 고르고 난 다음에 벙커샷을 하도록 할 수도 있다. 골프룰은 동반자들끼리 서로 합의하면 그만이다. 아무리 모호한 룰도 네 명이 합의하면 즐거운 라운드가 될 수 있다. 왜 규정집을 따지고 매너가 없다고 힐난하는가. 골프룰은 현재 알고 있는 수준 아래 네 명이 동의할 수 있다는 유연함을 가져보자. 그것이 아마추어에게 적합한 골프룰이다. 당신은 프로가 아닌데 왜 프로들처럼 룰을 지키려고 안달하는가.

5 한국의 골프룰을 만들자

골프로 밥을 먹고사는 프로들도 자신들이 알고 있는 룰을 적용하기보다는 경기 위원에게 룰의 해석을 맡기고 있는 것이 현실이다. 아마도 이런 경우의 스포츠는 골프가 유일할 것이다. 골프는 룰에 신경 쓰기 시작하는 그 순간부터 스트레스다. 스코어카드에 사인하지 않았다고 실격 처리하는 것이 정당한가. 얼마든지 정정하면 되는 일 아닌가. 룰 적용은 또 얼마나 중구난방인가. 복잡한 룰은 경기 위원들마저 제대로 모른다. 프로들 역시 룰 문제가 발생하면 경기 위원이 올 때까지 기다린다. 잘못하면 실격되니까.

언제까지 그런 걸 우리 아마추어들이 따라야 하는가. 왜 무조건 따라야 하는지 의문을 가져볼 때가 됐다. 그날의 동반자끼리 결정하여 유연한 골프룰을 적용하며 즐거운 골프를 치면 어떨까. 골퍼에게 스트레스를 주는 장벽을 몰아내자. 최대한 즐겁게 칠 수 있는 골프를 하자. 골프룰은 골퍼를 도와주고 골프를 즐겁게 만들어주는 역할을 해야 하지만 애석하게도 외려 골퍼들을 옭아매고 신경질 나게 만드는 역할을 하고 있다.

그렇다고 룰을 지키지 말고 마음대로 치자는 얘기는 아니다. 최소한의 규칙만 정해놓고 이를 지키도록 하자. 첫째, 경기가 시작되면 공은 있는 그대로 치자. 다만 치기 힘들거나 불이익을 받는 위치라면 동반자들끼리의 합의 아래 꺼내놓고 치도록 하는 것은 어떤가. 한 클럽이니 두 클럽이니 그런 것에 구애 받지 말고 말이다.

둘째, 스코어는 제대로 적자. 트리플보기를 했는데 더블보기를 했다고 우기지 말자.

동반자들끼리 정한 규칙만 제대로 지키자. OB가 나서 제자리에서 치면 1벌타고 페어웨이에 마련된 '특설티'에서 치면 2벌타다. 솔직히 이 규정도 모르는 사람이 꽤 많다. 해저드에 빠지면 너무 유리해지지 않는 범위 안에서 공이 들어간 해저드 근처 자신이 원하는 지역에서 치게 하자. 혹시 아마추어들 중에 "그래도 공식 룰을 따져야 하는 것이지" 하고 반론을 제기할지 모르겠다. 그러나 복잡하게 룰을 따지면 끝이 없다. 어차피 1벌타를 받은 상황으로 인정해주자. 필자는 이것만 잘 지켜도 아마추어 골퍼들이 충분히 즐거운 라운드를 할 수 있다고 생각한다. 곤란한 상황이 생기면 동반자들끼리 그 자리에서 해결하면 된다. 우리 식대로 치자.

6 아마추어는 USGA룰을 따를 필요 없다

골프의 출발점은 '매너'로 시작해서 '매너'로 끝나야 한다. 매너가 좋은 사람이면 룰도 잘 따를 가능성이 크다. 그러나 그런 그들이라도 정말 골프룰을 잘 지킬 수 있을까. 대답은 "노"이다. 어느 누구도 USGA 임의로 정한 룰을 100% 완벽하게 지킬 수 없다. 이미 국내 골프장은 'OB특설티'나 '해저드 특설티' 같은 것들이 존재해 USGA에서 정한 기본 룰을 지키려 해도 지킬 수 없는 환경이다. 프로들, 심지어 경기 위원들조차 룰을 제대로 숙지하지 못하는 것을 필자는 자주 경험했다. 경기 위원이 잘못된 판정을 내리는 경우도 많다. 이런 상황에서 룰을 지키자는 것은 공허한 외침이 될 수밖에 없다. 일단 룰을 잘 모르는 상태이므로, 룰 자체를 지킬 수가 없는 것이다.

그러다 보니 룰을 좀 아는 사람과 모르는 사람이 사사건건 부딪힌다. 지나치게 룰에 얽매이는 사람은 조금만 룰에 어긋난 사람을 봐도 죄악시하면서 멀리한다. 반대로 어떤 사람은 '아마추어가 무슨 룰이냐' 하면서 자기 마음대로 룰을 지키지 않는다. 왜 이런 문제가 발생하는가. 가장 대표적인 이유는 골프를 하면서 지나치게 내기에 집중하기 때문이다. '타당 얼마' 짜리의 '스트로크 내기'를 하는 사람들에게 상대방을 배려하는 룰을 적용하라고 하면 듣지 않을 것이다. 아마추어 골퍼들은 내기를 해야 골프가 짜릿하다고 한다. 물론 약간의 긴장도를 더하기 위해 내기가 필요할 수도 있다. 하지만 그 긴장도를 넘어서서 상대방에게 상처를 주고 돈을 차지하기 위한 내기는 문제가 있다. 설령 게임 후에 잃은 사람에게 그 돈을 돌려준다고 해도 그런 내기는 문제점을 안고 있을 수밖에 없다. 상처받은 마음은 돌려줄 수 없기 때문이다. 대부분의 룰에 관한 논쟁이 내기를 하는 과정에서 빚어진다. '내가 하면 로맨스고 남이 하면 불륜'이 되듯이 내가 어기는 룰은 괜찮고 남이 어기는 룰은 용서가 안 된다. 결국 룰은 내기를 위해 필요한 도구일 뿐인 것이다. 매우 비합리적이고 주관적인 USGA의 룰이 마치 무슨 법과 진리인 것처럼 떠받들어질 필요가 없다.

  아마추어 골퍼들의 룰은 상대방에게 유리하도록 배려해주면 그만이다. 엄격함보다는 배려 쪽에 무게를 두는 것이 아마추어들의 정신 건강에도 좋다.

10

골프와 비즈니스

1 골프 싱글 이면 경영도 싱글 일까?

    골프를 잘 치면 경영도 잘하는 것일까. 미국의 골프전문 잡지 골프다이제스트는 2년마다 포춘 선정 500대 기업과 스탠더드&푸어스(S&P) 선정 500대 기업을 대상으로 'CEO들의 골프 핸디캡'을 조사해 발표한다. 조사 결과를 보면 CEO들이 골프를 치는 것은 비즈니스에 도움이 되고 경영에서도 좋은 실적을 낸다는 식으로 마무리된다. 그 사례로 골프를 즐기지 않는 CEO들이 있는 회사들의 주식 가치가 떨어졌다는 구체적인 사실까지 증거로 제시하기도 한다. 그러나 최근 미국의 경제 위기 이후 골프를 잘 치는 CEO들이 과연 경영에서도 '싱글' 실력을 발휘하는지에 대해 의문이 생겨나기 시작했다. 공교롭게도 그동안 골프 핸디캡으로 상위권을 유지해왔던 CEO 들의 실적이 좋지 않다.

예를 들어 모기지 보험업계의 거물인 MGIC(Morgage Garanty Insurance Corporate) 인베스트먼트의 커트 컬버 회장 겸 CEO는 골프 핸디캡이 2.4로 지난 2004년 조사에서 랭킹 1위를 달렸던 인물이다. 조사 때마다 랭킹 1, 2위를 다투던 컬버의 회사는 미국을 경제 위기로 몰아 넣은 서브프라임 모기지와 직접적인 관련이 있는 회사다. 모기지 상품 자체가 부도덕해 서민들에게 큰 피해를 입힌데다 회사 가치마저 급락시켜 투자자들에게 막대한 손실을 입혔다. 컬버는 위스콘신과 네브래스카, 플로리다주에 각각 골프장 회원권을 보유하고 있으며 CEO로 재직하는 동안 자신의 핸디캡을 더 낮출 정도로 지나치게 열심히 골프를 즐긴 것으로 정평이 나 있다.

또 선 마이크로시스템즈의 스콧 맥닐리는 CEO 중에서 골프 실력으로 '골프 황제' 타이거 우즈를 연상시킨다. 그의 핸디캡은 거의 제로에 가깝다. 1982년 썬을 창업한 맥닐리는 한때 자바를 개발하는 등 실리콘밸리의 대표주자격이었으나 2006년 실적부진으로 교체되는 불명예를 안았고 회사는 2009년 오라클에 인수됐다. 맥닐리는 골프 외에 아마추어 하키 팀에서도 열심히 활동했다고 한다. 취미 활동으로 너무 많은 시간을 뺏긴 사례라고 할 수 있다.

미국 PGA투어 2부투어의 타이틀 스폰서를 맡고 있는 내션와이드(Nationwide) 보험사의 윌리엄 위르겐슨은 2001년 CEO에 오른 뒤인 2002년에 3.8이던 핸디캡을 1점대로 떨어뜨리기도 했다. 2부투어 후원을 하면서 날고 긴다는 프로들과 빈번한 라운드를 한 덕이라는 소문이 끊이지 않았다. 그는 지난해 CEO직에서 물러났다. 경제 환경이 급변하고 있는 상황에서 평균 5시간 이상 소요되는 라운드 시간은 CEO들에게 적합한 운동이라고 하기 어렵다.

　국내 라운드 시간은 골프장 이동 시간과 라운드 후 식사 시간까지 포함하면 족히 10~12시간은 소요된다. 특히 핸디캡을 '싱글'의 기준인 10이하로 유지하기 위해서는 평균 주 2~3회의 라운드를 해야 한다. 경영과 골프 중 하나를 택해야 한다. 또 대다수 골퍼들이 90~100타를 넘나드는 초보들이기 때문에 너무 골프를 잘 치면 오히려 비즈니스에 걸림돌이 될 수 있다. 골프 실력이 출중하면 초보자들을 피하게 되고 비슷한 실력자를 만나려고 한다. 그러다보면 비즈니스와는 별로 관계없는 사람들과 라운드를 하는 경향이 많다.

　최근 잘 나가고 있는 애플의 스티브 잡스나 구글의 공동 창업자인 래리 페이지와 세르게이 브린, 유투브의 CEO이며 설립자인 채드 헐리, 트위터 창립자 비즈 스톤 등이 골프를 즐겨 친다는 기사를 거의 본 적이 없다. 투자자의 귀재로 꼽히는 워렌 버핏은 핸디캡의 20 정도로 평범한 '주말골퍼' 수준을 유지하고 있다. 마이크로 소프트의 빌 게이츠도 24 안팎에 불과하다. '골프를 잘 치면 경영도 잘한다'는 말은 더 이상 적합한 표현이라고 할 수 없다. 그 반대로 골프 실력은 '100돌이'(18홀 기준으로 100타 안팎을 치는 실력을 빗댄 속어)에 불과하지만 경영은 '싱글'을 유지하는 것이 더 중요하다. 골프에 너무 많은 시간을 할애하는 CEO는 문제가 있다. 방만한 취미 활동보다 좀 더 창조적인 시간 활용이 요구된다. 골프는 지속 가능한 경쟁력을 기르는데 도움을 주는 활력소 정도로 가볍게 접근해야 한다.

2 골프가 비즈니스에 도움이 될까

가끔 골프를 잘 치면 비즈니스에 도움이 된다는 말을 들어봤을 것이다. 필자도 그런 생각을 자주 했고 비즈니스맨들을 인터뷰하면 그런 기사를 싣기도 했다. 동반자가 매 홀마다 파를 기록하고 매너도 좋아서 이런 저런 코치도 해주면 금상첨화일 것이다. 비즈니스를 목적으로 만났다면 만사형통일 것이다.

그런데 문제는 '어느 정도 잘 쳐야 하느냐'가 관건이다. 아마추어 골퍼가 골프를 잘 쳐봐야 80타대 초반의 스코어를 기록한다. 하지만 이 정도의 실력이 비즈니스에 도움이 될 수 있을까. 필자는 아니라고 본다. 80타대 실력의 골퍼들은 비즈니스에 도움을 주기 보다는 아예 해를 끼칠 가능성이 높다. 80타대의 수준급 실력을 보이는 골퍼들은 반드시 자신도 모르게 집착하는 것이 있다. 스코어에 집착을 한다거나 내기를 너무 좋아한다. 그러다보면 자신도 모르게 캐디들에게 화를 내기도 하고 룰을 무시한다거나 동반자들을 배려하지 않는 행동을 할 가능성이 높다. 동반자들은 그런 일을 겪고 나도 마음에 안 드는 말을 해주지 않기 때문에 본인은 이를 모른다.

골퍼들이라면 누구나 라운드를 하고 나서 '다시는 저 인간 안 만난다'는 생각을 해봤을 것이다. 80타대 수준의 골퍼들은 나름대로 골프에 대한 자신의 주관이 뚜렷해서 상대방의 말에 별로 아랑곳하지 않는다. 은연중에 '골프도 못 치는 것들이…' 하면서 동반자들을 무시하는 행동을 할 소지가 많다. 100타를 넘게 치는 골퍼는 너무 못 쳐서 동반자들이 선호하지 않는다. 80타대 골퍼는 어설픈 실력으로 너무 잘난 척을 해서 사랑받지 못한다.

골프가 비즈니스에 도움이 되려면 최소한 75타 안팎을 쳐야 한다. 이 정도 실력이 되면 어떤 사람이라도 그 사람의 실력에 경의를 표하게 된다. 별로 잘 해주지 않아도 동반자는 그 사람에게 서 호감을 느끼게 되고 뭐 하나라도 배우려고 한다.

그런데 비즈니스를 하는 사람이 75타 정도를 친다는 것은 거의 불가능하다. 골프를 해서 비즈니스의 도움을 받으려고 하다가 오히려 큰 코 다칠 수도 있다. 상대방 실력도 모르고 플레이 스타일도 모르면서 무작정 라운드를 나갔다가 다시는 못만날 수도 있다. 골프로 비즈니스가 되는 경우는 너도 95타에서 105타, 나도 95타에서 105타를 치는 경우다. 이때는 골프로 별로 잘난 척도 안한다. 서로 스트레스도 주지 않고 즐겁게 골프를 칠 가능성이 높다. 4명의 동반자 조합이 이 수준이 아니면 절대로 비즈니스를 목적으로 골프를 하지 말라.

3 골프가 사회활동에 도움이 될까

흔히들 골프를 해야 하는 이유로 사회 활동에 도움이 된다는 점을 내세운다. 그래서 최근에는 초등학교 때부터 골프를 가르치는 부모들도 있다. 골프가 정말 사회 활동에 도움을 줄까. 왜 골프가 사회활동에 도움이 된다는 얘기가 나오게 됐을까. 어떤 사람이 골프를 하다가 만난 사

람을 통해 사업에 도움을 받고 투자자를 알게 됐기 때문일까. 아니면 직장 상사와 라운드를 하다가 친해져 회사 생활에 도움을 받아서일까. 골프장에서 만난 사람을 통해 새로운 직장의 기회를 잡아서일까. 정말 이런 이야기들 때문에 골프가 사회생활에 도움이 된다는 믿음을 갖게 된 걸까. 근거가 없고 지나치게 모호하고 막연한 뜬소문들이다. 도대체 골프의 어떤 점이 사회생활에 도움이 된다는 말인가.

우리가 막연하게 생각하는 골프의 장점은 오히려 역으로 작용하는 경우가 많다. 직장 상사와 라운드를 하다가 친해지기는커녕 틀어질 가능성이 높다. 특히 직장 상사는 라운드를 갈 때마다 당신에게 운전을 하라고 요구할 것이고 이런저런 잔일을 주문할 소지가 많다. 당신은 상사의 뒤치다꺼리를 하다가 상사에게 가졌던 좋은 인상이 짜증과 분노로 변하는 것을 알게 될 것이다. 또 라운드하면서 당신이 잘 치면 상사는 몹시 기분이 상해 당신에게 반감을 가질 수 있다. 상사가 안 맞을 때 비위를 못 맞추면 당신은 미운털이 박히기 십상이다. 회사 생활에 도움이 되기는커녕 아예 골프를 안 하는 편이 나았을 것이다.

골프장에서 만난 사람과 투자를 얘기하고 회사 앞날을 설계한다는 것은 더욱 터무니없는 낭설이다. 골프를 좋아하는 사람들은 사실 회사 일이 우선순위에서 밀려있는 경우가 많다. 가끔 매스컴에서의 '골프를 잘 치는 사람이 경영도 잘 한다' 는 근거도 없는 기사를 확대 해석하면 안 된다. 골프를 좋아하는 사람들은 회사 생활에 마이너스가 된다. 골프에 빠져 있는 사람이 회사 일이나 자신 주변의 일을 잘 처리할 것이라는 착각은 이 순간부터 버려야 한다. 골프를 쳐야 할 시간에 자신을 계발하고 업무에 도움 될 만한 지식을 쌓는 것이 훨씬 더 발전적이고 사회생활에 도움을 줄 것이다. 이런 중요한 것들을 도외시한 채 골프를 하면 사회생활에 큰 위기를 만나게 된다.

이제 솔직해질 필요가 있다. 골프를 한다는 것은 무엇을 뜻하는가. 그것은 주말에 가정을 버리고 자신을 갈고 닦을 시간을 없애버리는 것이다. 한창 업무를 배우고 열심히 뛰어야 할 시간에 골프장에서 시간을 보내는 것은 자신의 가장 소중한 가족과 미래를 저버리는 어리석은 행동이다. 골프에 많은 시간과 노력을 들이는 것이 얼마나 헛된 일인지 많은 사람들이 잘 이해하지 못한다. 골프는 운동치고는 진입 장벽이 높다. 제대로 골프를 익히고 이해하는 데는 상당한 시일이 걸린다. 용어도 매우 어렵게 돼 있고 평소 안 쓰던 근육을 사용하게 돼 적응하기가 여간 어려운 게 아니다.

처음에는 골프를 배우는 호기심과 과시욕이 곁들여져 그런대로 별 생각 없이 시간을 보내게 된다. 레슨을 받고 연습을 하면서 자신도 '골퍼'가 됐다는 만족감과 위로감 덕에 골프에 푹 빠지게 된다. 라운드를 나가면서 그동안 골퍼들이 골프장에서 무슨 대화를 하고 어떻게 행동을 하는 지를 하나하나 배워가게 된다. 새로운 것을 받아들이는 시간은 즐겁기까지 한다. 주변에서는 자신의 스윙을 보고 '골프 천재'가 났다는 말들을 자주 하고 앞으로 골프계를 휩쓸겠구나라는 격려를 듣게 돼 우쭐해진다. 직장에서 동료들과 점심 먹으면서 골프 대화를 할 때 그동안 무슨 말인지 몰랐던 것들을 이해하기 시작한다.

100타를 깨는 날 주변의 축하를 받으면서 빠르게 성장하는 자신의 모습이 대견스럽기까지 한다. 연습장을 가는 날이 더 많아지고 스윙은 갈수록 더 안정된다. 동반자들과 가벼운 내기를 즐길 수준까지 도달하면

서 이제 골프에 완벽하게 적응한 자신을 보게 된다. 90타를 깨면서 골프와의 인연은 더욱 깊어진다. 숟가락이 드라이버로 보이고 젓가락이 아이언으로 보이기까지 한다. 날씨가 좋으면 '이런 날 라운드해야 하는데' 라는 생각이 저절로 든다. 바람이 불면 이런 바람에는 한 클럽을 더 잡아야 할 지, 두 클럽을 잡아야 할 지 고민하게 된다. 맞바람인지, 뒷바람인지 알기 위해 풀이라도 뽑아 날리고 싶다.

그런데 당신이 80타대를 치게 되면 어느 날 골프는 당신을 버리기 시작한다. 골프는 당신이 질렸다며 그동안 만끽했던 기쁨과 즐거움을 모두 앗아간다. 잘 맞던 드라이버샷이 흔들리고 아이언샷은 들쭉날쭉이다. 퍼팅은 왜 이리 자신이 없는가. 그런데 당신은 골프가 당신에게 등을 돌렸다는 사실을 까맣게 모른다. 라운드를 나가면 불만족스러운 날들이 많아진다. 골프를 치고 돌아온 뒤 아내와 아이들한테 짜증을 내는 날도 많아진다. '그 짧은 버디 퍼트를 놓치다니…. 배판이라 잃은 돈을 모두 복구할 수 있었는데…' 골프를 통해 얻을 수 있는 기쁨은 좀체 없다. '왜 이리 안 맞는지' 미칠 지경이다. 한편으로는 '골프가 어렵기 때문에 매력이 있는 것이야' 하고 위안도 해본다.

왜 이리 골프가 안 될까. 이런 고민의 시기가 반드시 당신을 찾아온다. 그래서 이 고민을 떨치기 위해 골프를 무척 사랑하는 당신은 노력한다. 연습장을 가보기도 하고 큰 마음 먹고 레슨을 받기도 한다. 그런데도 풀리지 않는다. 왜 '싱글' 이 안 될까. 왜 스코어가 더 이상 줄지 않을까. 우리는 '왜 골프가 안 되는 이유' 에 대한 질문을 자신에게 던져보고 그 해답을 찾아야 한다. 스코어가 줄어들지 않는 비밀을 알게 되면 골프가 당신에게 어떤 존재인가를 깨닫게 된다.

4 골프는 남을 배려하고 즐겁게 하는 것

골프 스코어를 심각하게 받아들이지 말라. 아마추어 골프 스코어처럼 믿을 수 없고 부정확한 것이 세상에 또 어디 있을까. 첫 홀은 올 파 내지 올 보기로 시작하고 멀리건 한두 개는 무조건 받고, 트리플보기는 더블보기로 적고, 더블파는 트리플보기로 적어내는 스코어가 무슨 의미가 있는가. 스코어에 그렇게 연연하면서도 정확히 스코어를 기억하는 이들은 너무 드물다. 아마추어 골퍼가 스코어에 연연하면 그처럼 피곤한 일도 없다. 룰을 지키지 않는 사람을 만나면 불쾌해하면서도 정작 본인 역시 룰을 제대로 숙지하지 못하고 지키지도 못하는 우스운 꼴이 벌어지고 있다. 스코어에 연연하는 분위기야말로 매너는 없으면서 성적만 좋은 골퍼가 대접받는 풍조를 아마추어 골프 세계에 만연하도록 만든 장본인이다.

골프에서는 무조건 남을 눌러 이겨야 하고 남의 지갑에 든 돈을 내 지갑으로 옮겨야 하고, 망신을 줘야 직성이 풀리는 분위기가 팽배하다. 언제부터인가 사교도 없어지고 상대방을 배려하는 마음가짐도 사라지고 있다. 오로지 골프 잘 치는 사람만이 최고로 대접 받는 '골프 풍토'는 언젠가는 많은 골퍼들을 골프에서 멀어지게 할 것이다. 골프를 잘 치고 싶다면 프로가 돼야 한다. 그렇지 않으면 골프는 즐거야 한다. 내기를 해서 남을 이기는 것을 즐기면 안 된다. 그건 독이다. 골프는 남을 배려하고 남을 즐겁게 해주는 매개체여야 한다. 골프의 모든 초점은 거기에 맞춰야 한다. 레슨도 이 때문에 받아야 하고 연습도 이 때문에 해야 한

다. 골프를 즐기는 방법이 바르게 방향을 잡지 못하면 머잖아 골프는 경쟁력을 잃고 말 것이다. 이 세상에는 골프 말고도 할 것이 너무 많다.

5 골프는 레크리에이션이다

가끔 골프에 많은 의미를 부여하는 이들이 있다. 인생을 닮았다느니, 기업 경영의 교훈을 배운다느니 등등 골프를 통해 엄청난 가르침을 얻었다는 것이다. 그래서 언제부터인가 비즈니스를 하는 이들에게 골프는 필수 요소로 인식이 됐다. 직장인들 사이에서는 점심 시간에 골프 대화의 주제로 오르는 예가 많아졌다. 요즘은 주부들 사이에도 골프가 주요 관심사가 된 지 오래다. 골프를 모르면 대화에 끼어들지 못하는 일까지 벌어져 그 때문에 골프를 배웠다는 이들도 생겨났다. 골프를 잘 치기 위해 새벽부터 연습장을 찾고 점심 시간, 퇴근 후 등 토막 시간을 내 열성을 다해 골프를 익히고는 했다. 어떤 이들은 생업을 포기하고 골프를 배우기 위해 미국으로 유학을 떠나기도 했다.

과연 골프에 이토록 많은 시간과 돈과 열정을 쏟을 필요가 있을까. 골프는 등산이나 테니스, 낚시 같은 하나의 레크리에이션에 불과하다. 모든 사람들이 의무적으로 해야 하는 스포츠도 아니고 열광해야 할 그 무엇도 아니다. 골프를 통해 인생을 배운다는 것은 참으로 어이없는 말인 듯하다.

비즈니스에 도움이 된다는 말도 결국은 자신의 골프 라운드를 합리화하려는 변명에 지나지 않는다. 한 번 라운드하면 12시간 이상이 소요되는데 어떻게 비즈니스에 도움이 된다는 말인가. 혹시 은밀한 뒷거래를 목적으로 한다면 모르겠지만. 오늘날 골프에 대한 국민의 관심도는 지나치게 부풀려져 있다. 골프는 등산이나 테니스보다 더 낫다고 할 수 없는 레크리에이션에 불과하다. 돈이 너무 많이 들어 배우고 나면 후회하기 딱 좋다. 그린피가 현재의 절반 아래로 떨어질 때까지 골프에 무관심하는 편이 낫다. 아예 골프를 몰라도 당신의 인생에 아무 불편이 없다. 골프는 단순한 레크리에이션이다. 그 이상도 이하도 아니다. 불필요한 의미를 부여하지 말자.

11

골프의 패러다임 변화

1 골프에 대한 인식의 전환

골프는 이제 평범한 운동의 하나로 변했다. 이를 받아들여야 한다. 이제 우리나라에서도 골프가 제자리를 찾아가고 있는 것이다. 테니스나 수영, 사이클, 조기 축구처럼 골프는 누구나 할 수 있는 운동이다. 골프를 한다고 해서 무슨 특권 의식을 가진다는 것도 이제 우스워졌고 골프 좀 친다고 이를 무조건 비난하는 것도 어색한 분위기가 됐다.

아마추어들이여. 당신은 결코 프로가 아니다. 우리는 아마추어들이다. 프로저럼 스코어를 내리고 하지도 말고 스윙을 완벽하게 하려고 고민하지 말라. 프로처럼 룰을 지키겠다고 주변 사람들을 불편하게 하지 말라. 골프는 그날 즐거우면 그만이다. 골프로 뭘 이뤄보겠다는 허황된 꿈을 버려야 한다. 아마추어 골퍼가 프로보다 나은 가장 큰 혜택은 스트레스 받지 않고 골프를 친다는 것이다. 스코어에 지나치게 신경 쓰지 않으면서 골프라는 운동을 즐기면 된다. 왜 아마추어 골프의 장점을 죽이는가. 골프클럽 수입 업체들은 한국 시장의 변화를 본사에 제대로 보고해야 한다. 비상식적인 영업 행위를 통해 실적만 채우는 식으로 활동하면 훗날 '역풍'을 맞게 된다.

 골퍼들 역시 골프에 대한 접근을 달리해야 한다. 골프 잘 치는 사람이 골프장에서 최고라는 사고 방식을 버려야 한다. 골프는 매너가 가장 우선돼야 한다. 이것이 없다면 골프는 앞으로 존립 기반을 잃어버리게 될 것이다. 내기보다는 남을 배려하는 데 신경 쓰고 동반자가 모두 즐거운 시간이 될 수 있도록 노력해야 한다. 실력이 부족한 골퍼를 만나면 무시하고 배척하는 행위는 당신의 존재 가치를 추락시킬 뿐이다. 고급 브랜드의 비싼 옷과 골프클럽으로 무장해야만 존경받는 생각은 시대에 한참 뒤떨어진다고 봐야 한다.

2 공급자 위주에서 수요자 중심으로

 그동안 골프라는 운동은 취미 활동을 넘는 개인 욕구 충족 수단으로 기어를 해왔다. 골프장이 턱없이 부족한 국내 현실은 골프를 치는 것 자체만으로 그 사람의 지위를 높여주는 역할을 했다. 별다른 취미가 없는 상황에서 골프를 화제로 이런저런 대화를 나누는 것도 흥미를 유발시켜주고 만족감을 높여줬다. 골프를 알지 못하면 대화에 끼어들지 못하는 소외감 때문에 골프를 시작한 이들도 많았다. 옆집 누구 아버지는 주말에 골프 치러 간다는데 당신은 왜 그런 것도 안 하느냐는 와이프의 '구박'을 받는 경우도 있었다. 그런데 이러한 골프 문화가 변화고 있다. 트렌드가 바뀌는 수준이 아니라 총체적인 변화를 뜻하는 '패러다임 시프트'의 양상을 띠고 있다.

최근에 등장한 '와인 스트레스'처럼 '골프 스트레스'에 시달리던 시절이 있었다. 요즘은 '아이폰' 등장 이후 '아이폰 스트레스'가 만연하는 현상을 보면 좀 더 이해가 빠를 것이다. 남들이 잘 하지 않거나 잘 모르는 것을 자신이 잘 하게 되면 인간은 높은 만족감을 갖는다. '할리데이비슨' 오토바이를 타고 다니는 사람들은 남과의 '차별 의식'을 가짐으로써 상당한 만족감을 갖는다. 괴성을 내는 오토바이를 타고 수십 명이 몰려다니는 모습을 보여주면서 평소에는 드러내지 못하는 '과시욕'의 충족을 통해 스트레스를 해소한다. 스포츠카나 외제차 선호 현상도 이와 비슷하다.

그러나 극소수만 즐기던 기호의 경우에는 모든 사람들이 함께 즐기기 시작하면 '특권 의식'이 사라지면서 인기가 떨어지게 된다. 개인의 욕구 충족의 강도가 현저히 줄어들기 시작한다. 골프가 그런 단계에 접어들었다. 한참 열풍이 불고 있는 와인도 조만간 그런 단계에 들어서게 될 것이다. 국내에서 골프나 와인 등은 초반에 매우 고급스런 문화로 정착하기 시작했다. 생활의 일부분으로서가 아니라 부유층의 전유물로 들어온 것이다. 골프나 와인을 즐기려면 많은 돈을 지불해야 하고 즐기는 사람들도 상류층이나 오피니언 리더들로 국한됐다. 그러나 골프나 와인의 경우 외국의 사례를 보면 생활의 일부분일 뿐이다. 골프를 친다고 해서 옆집에서 부러워한다거나 와인을 마신다고 남보다 우월하게 보이지 않는다. 골프나 와인은 평소 우리들이 즐기지 못하던 문화여서 더욱 신비롭고 부러운 대상으로 다가왔지만 실상은 전혀 그렇지 않다. 평범한 생활의 한 조각이다. 평범한 것이 너무 높게 평가를 받으면 언젠가는 평가 절하를 당한다. 지나치게 가치가 높게 평가된 골프는 앞으로 그 값을 치르는 과정을 겪게 될 것이다.

골프의 대중화는 예상보다 상당히 넓고 깊고 빠르게 진행이 됐다. 특권층만이 즐기던 것이 그러한 인식을 채 탈피하기도 전에 어느 순간 모든 사람들이 접하고 즐길 수 있는 운동으로 자리 잡았다. 매우 바람직한 현상이 된 것이다. 그러나 대중화의 이면을 들여다보면 그 흐름을 애써 외면하거나 거부하려는 움직임이 감지된다. 시대의 흐름을 거스르려는 반작용도 만만치 않게 존재한다. 문제는 지금부터다. 골프의 패러다임 변화를 어떻게 수용하고 적용시킬지를 고민해봐야 할 시점이다. 왜곡되고 배타적으로 형성된 골프의 균형을 바로잡아 진정으로 대중들에게 돌려줘야 한다. 골프의 패러다임 변화는 관련 산업에 엄청난 기회와 동시에 위기를 함께 제공할 것이다. 특히 이 변화를 우리에게 유리하게 이끌어가는 전략이 필요한 시점이다.

3 골프산업의 허와 실

골프의 대중화를 그저그런 현상으로만 이해하고 지나치면 안 된다.

주지하다시피 한국은 작은 나라지만 전 세계 12위의 경제 강국이다. 세계 2위 일본에 못잖은 저력을 발휘하고 있다. 휴대폰, 반도체, 자동차, 원전 등에서 세계의 주목을 받을 정도로 괄목상대했다. 우리나라는 일본의 모델을 통해 많은 것을 반면교사로 삼을 필요가 있다. 일본에서 배울 것은 배우고 피할 것은 피해야 한다.

일본의 골프 산업은 미국 다음으로 크다. 골프클럽 회사도 수십 개에 달한다. 이들은 미국과 유럽 등 전 세계에 진출해 브랜드 가치를 높이고 있다. 그러나 한국의 골프 산업은 거의 전무하다. 국산 브랜드는 사실상 전멸 상태다. 그동안 골프클럽은 '과시용' 성격이 강했다. 생소한 이름의 클럽을 들고 다니면 '쪽팔리는' 문화가 있었다. 그래서 국산 클럽은 자리를 잡기 힘들었다. 제품의 질에서도 차이가 많았다.

그러나 이제는 달라졌다. 골프클럽은 브랜드보다 자신에게 좀 더 적합한 것을 찾는 경향이 강해졌다. 자신에게 만족도가 높으면 브랜드는 신경 쓰지 않고 있다. 게다가 골프클럽은 신소재 및 신기술 개발의 한계로 인해 더 이상 발전하기 어려운 상태에 도달해 있다. 클럽에 대한 기술도 대부분 공개돼 마음만 먹으면 누구나 비슷한 제품을 만들 수 있는 상황이 됐다. 세계 시장의 골프클럽은 대부분 중국에서 만들어진다. 즉 브랜드 경쟁력만 강화한다면 국산 클럽 브랜드를 키울 수 있는 시장 여건이 마련된 셈이다. 아직은 미국과 일본의 메이저 브랜드가 시장을 장악하고 있는 것처럼 보이지만 여기에 현혹되면 안 된다.

삼성이 소니를 제치고 TV 시장에서 1위에 올랐던 것처럼 지금부터 시작해도 외국의 유명 브랜드를 충분히 제칠 수 있다. 특히 외국 브랜드들은 현재 자금난과 매너리즘에 빠져 있는 상황이다. 한국적인 독특

한 디자인과 감수성이 가미된다면 골프클럽 시장을 한국이 얼마든지 접수할 수 있다. 미국 PGA투어 선수들의 모자에 한국 기업의 브랜드를 빛나게 할 수 있다는 얘기다. 앞으로 골프투어에서 한국 선수들의 장악력은 갈수록 높아질 것이다. 지금은 여자가 주름잡고 있지만 머잖아 남자가 이 역할을 할 것이다. 타이거 우즈 같은 한국 선수가 등장할 수도 있다. 그때 국산 클럽이 없다면 땅을 치고 후회하게 될 것이다. 다시 한번 골프클럽 시장으로 눈을 돌려 보기 바란다. 진정한 블루오션이 여기에 있다.

그동안 골프 시장은 아마추어 골퍼를 위한 시스템이 잘 형성되지 않았다. 골프룰을 만드는 미국골프협회(USGA)와 영국왕립골프협회(R&A)는 아마추어보다 프로들에 맞춘 룰을 제정해왔다. 그래서 드라이버샷 헤드의 반발력을 규제하고 최근에는 웨지의 그루브까지 제한하는 등 아마추어 골퍼들을 전혀 고려하지 않은 룰을 양산해내고 있다. 클럽메이커들 역시 이러한 기준에 맞춰 아마추어 골퍼들의 클럽을 제작해왔다. 그러면서 겉으로는 아마추어 골퍼들에게 최적의 클럽이라고 홍보하는 등 과장 광고에 매달려왔다. 클럽메이커들은 '어떻게 하면 아마추어 골퍼들이 빠르게 클럽을 교체하도록 유도할 수 있을까' 하는 데에만 관심이 있었다.

오로지 골프클럽에만 국한해 적용돼온 '피팅(fitting)'이라는 개념을 살펴보자. '클럽 피팅'은 솔직히 클럽 회사들의 상술에서 나온 것이다. 클럽의 소재가 나무이던 시절에서 메탈로 변하고 현재의 티타늄 소재로 변하면서 클럽은 엄청난 변화를 겪어왔다. 클럽의 반발력이 높아지면서 이를 규제하자는 의견이 나왔고 실제로 허용 한도가 정해졌다. 항상 더 멀리 나가기를 소망하는 골퍼들의 욕망을 더 이상 채울 수 없을 정도로 골프클럽의 소재 개발은 한계에 도달해 있다. 그러면서 등장한 개념이 '피팅'이다. 과거에는 거의 거론조차 않던 피팅 개념이 소재 개발의 한계에 부딪히자 나타난 것이다. 물론 이전에는 소재 자체가 변하다 보니 신소재 클럽을 구입하는 것이 급선무였을 것이다.

그런데 자신의 몸에 맞는 클럽 피팅도 가만히 들여다보니 엉터리다. 기계를 통해 헤드스피드를 파악하고 구질, 거리 등을 측정해 거기에 맞는 클럽을 추천해준다는 것은 골퍼들을 거의 우롱하는 행위나 다름없다는 생각이 든다. 말하자면 예전에는 한 개의 클럽만 살 수 있었는데, 이제 그 종류가 서너 가지로 늘어났다는 것 외에는 아무런 의미가 없다. 클럽 회사들은 애버리지 실력의 골퍼를 상대로 45인치에 로프트 각 10도를 쓰라는 식의 안내를 하고 있다. 그러나 로프트를 제대로 검사해보면 얼마나 정확하게 맞는지 알 수가 없다. 로프트 각, 라이 각, 스윙웨이트 등이 클럽 회사마다 천차만별이다. 공인된 기준이 없는 상황에서 '클럽 피팅'을 운운한다는 것은 어불성설이다. 이것은 골퍼들이 그동안 자신이 사용해온 클럽 중 감이 오는 클럽을 찾아나서는 것일 뿐이다. 클럽이 몸에 맞으면 공이 잘 맞을 것이라는 환상은 일부 극소수의 골퍼들이 퍼뜨린 오류라고 볼 수 있다. 어쩌다 자신에게 적합한 클럽을 만나 좋은 경험을 한 뒤 '클럽 피팅'에 지나치게 호의적인 태도를 갖게 된 사람들이 극구 찬성하는 쪽이 된 것이다.

클럽 회사들은 해마다 새 드라이버, 아이언, 퍼터 등을 내놓는다. 내놓을 때마다 이전보다 거리가 10~20야드 늘어난다고 선전한다. 지금까지 나온 드라이버만 바꿨어도 파5홀에서 '1온'을 해야 할 것이다. 이제 더 이상 속지 말자. 클럽이 골프에 없어서는 안 될 도구이지만 실력을 향상시켜주는 해결책이 된다는 생각은 금물이다

4 골프장 변혁이 시급하다.

 골프의 패러다임 변화를 적극 받아들여야 하는 곳으로 국내 골프장을 빼놓을 수 없다. 골프의 대중화에 역행하지 않으려면 골프장들은 자신들이 하고 있는 일이 서비스 산업이라는 점을 명시해야 한다. 철저한 '프로 의식'으로 재무장하고 기존의 골프장 위주의 '부킹 장사'와 '바가지 요금' 씌우는 등 구태의연한 '배짱 장사'의 틀에서 벗어나야 할 것이다. 김치찌개 4인분에 5만원,6만원을 받는 것은 말도 안 되는 일이다. 그린피를 20만원을 넘게 받는 것 역시 정직하게 장사하는 것인 지 각성해 봐야 한다. 골프장에 '경영'이라는 개념이 존재하는지 조차 의문이 들 때가 많다 골프장 전문 경영인이라는 분들도 미안한 말씀이지만 경영을 잘했다기보다 오너의 마음을 흡족하게 하는 것에 중점을 둬 온 것이 사실이다. 예전에 어느 한 골프장에 갔다가 화장실마다 TV가 설치된 것을 보고 놀란 적이 있다. 클럽하우스를 화려하게 꾸미는 일은 어제 오늘의 일이 아니지만 이것은 좀 과하다 싶었다. 도대체 돈이 얼마나 남아돌기에 이런 일을 하는 가 싶었다. 아마 골프장 화장실마다 TV를 설치한 골프장은 전 세계 어디를 가도 우리나라 밖에 없을 것이다. 국내 골프장은 현재도 과다하게 설립이 추진되고 있다. 그 중에서 미래를 예

견하고 운영 경비를 최소화 하려는 목적을 두고 짓고 있다는 얘기는 들어보지 못했다. 대부분 초기 투자비용 회수에 목적을 두고 회원 모집을 용이하게 하기 위해 화려한 클럽하우스를 전시용으로 내세우고 있을 뿐이다. 최근 들어 골프장에서 변화의 움직임이 보이고 있긴 하지만 가격을 좀 차별화하고 요금을 인하하는 수준이다. 골프는 이제 고급문화가 아니다. 골프장은 이를 제대로 파악해야 한다. 골프장을 고급스럽게 지어놓았는데 오는 손님들 수준은 대체로 떨어진다는 소리는 한마디로 시대착오적이다. 그런 골프장들이 기대하는 손님들은 이미 바닥난 지 한참이 됐다. 골프장들은 이제 화려한 하우스가 아닌 손님을 대하는 태도에서 수준을 높여야 한다. 과거 골프장 운영 시절에 미련을 갖고 있다가는 문을 닫아야 할 심각한 상황에 직면할 것이다. 정부는 정부대로 골프의 대중화에 걸맞게 골프장에 대한 과중한 세금 등을 낮춰줄 필요가 있다. 골프가 대중적인 지지 속에 자리를 잡으려면 정책적인 뒷받침이 절실하다.

부록

엄격한 프로 규칙 대신 – 신나는 아마추어 골퍼를 위한 룰 적용
실용편

　골프와 뗄래야 뗄 수 없는 골프룰. 골프룰은 제대로 알기가 매우 어렵다. 프로들은 매번 경기위원의 도움을 받고 룰을 적용하지만 아마추어 골퍼들은 스스로 또는 동반자나 캐디의 도움을 받아 골프룰을 지킬 수밖에 없다.
　이런 상황에서 골프룰에 대한 이해도가 천차만별이라 골퍼들 사이에 분쟁이 발생하는 경우가 종종 발생한다. 국내에서는 '전투적으로' 골프를 즐기는 골퍼들이 많기 때문에 프로처럼 룰을 적용하려고 하는 경향이 강한 듯하다. 그러나 이미 기존의 골프룰을 무시하고 국내에서만 임의로 적용하고 있는 골프룰이 많이 있다. 사실상 아마추어 골퍼가 100% 룰을 지킬 수 없는 경우가 다반사이기 때문일 것이다.
　허나 잘 모르는 상태에서 룰을 마음대로 적용하는 것과 알고 있는 상태에서 유연하게 룰을 적용하는 것은 천양지차다. 당신의 골프에 도움이 되고 동반자들에게는 배려가 될 수 있는 접점을 찾아야 한다. 지금부터 우리가 꼭 알아야 할 골프 룰과 아마추어 골퍼를 배려한 유연하고 즐거운 골프를 위한 룰을 숙지 해 보고자 한다.

〈티잉그라운드〉

- 골프클럽은 14개 이상 가지고 나갈 수 없다. 15개 이상을 갖고 플레이하면 위반이 발견된 홀마다 2벌타를 부과하되 한 라운드에 최고 4벌타까지 부과한다. 14개 이내는 몇 개라도 상관없다. 드라이버나 퍼터를 2개 이상 들고 다녀도 14개만 넘지 않으면 문제없다.
- 티잉그라운드에서 연습 스윙을 하다가 볼을 맞추어 볼이 옆으로 굴러갔다. 이런 경우에는 볼을 다시 티 위에 놓고 티샷을 하면 된다. 벌타는 없다. 티 위에 있는 볼은 아직 인플레이 볼이 아니기 때문이다.
- 원래 티잉그라운드에서 치기 전에 자신이 사용하는 볼을 동반자에게 알려야 한다. 프로들은 사용한 볼을 알려주고 그날은 같은 상표의 볼을 써야만 한다. 다른 상표를 사용하면 벌타다.

Golf Tip

아마추어들은 이런 규칙을 알고만 있으면 된다. 다양한 브랜드의 볼을 혼용해서 써도 무방하다고 생각한다. 다만 자신이 쓰고 있는 볼을 본인이 잘 알고 있어야 하고 바꿀 때마다 동반자들에게 이 볼로 바꾼다고 말을 해주면 당신에 대해 좋은 인상을 가질 것이다.

- 티는 너무 길어도 규칙 위반이다. 길이가 4인치 101.6mm보다 길면 안된다. 이를 위반하면 프로들은 실격이다. 아마추어 골퍼는 알고만 있으면 된다.
- 티잉그라운드 밖에서 치면 안된다. 티잉그라운드는 티 마커를 잇는 선에서 뒤로 두 클럽 길이 이내의 구역이다. 이 구역을 벗어나 티샷을 하면 2벌타다. 2벌타를 받고 다시 쳐야 한다.

Golf Tip

아마추어들은 너무 심하게 벗어나지 않았다면 봐줄만하다. 자꾸 위반하면 "티샷할 때 '배꼽'이 나오면 안된다"고 주의를 주거나 가르쳐주기 바란다.

- 티샷하기 전 발로 볼 뒤를 다지는 것은 상관없다. 그러나 티샷을 하고 나서는 볼 뒤를 다지면 라이 개선으로 2벌타를 받는다.
- 티샷 순서가 바뀌어도 벌타는 없다. 그러나 매치플레이에서는 샷 순서를 어겼을 경우 상대방이 요구하면 그 샷을 취소하고 다시 쳐야 한다.

〈잠정구〉

◆ 볼이 찾기 어려운 위험한 지역으로 갈 때 '잠정구(provisional ball)'를 쳐야 한다. 프로들은 잠정구를 칠 때 '잠정구를 친다'는 선언을 해야만 한다. 만약 선언을 하지 않고 치게 되면 원래 쳤던 볼은 분실구가 되고 잠정구가 인플레이 볼이 된다.

잠정구는 볼을 잃어버릴 가능성이 높을 때 다시 되돌아와서 치는 시간을 절약하기 위해 치는 것이다. 그래서 해저드에 공이 들어간 것이 확실할 때는 잠정구가 용인되지 않는다. 해저드에 볼이 들어갔는데 '잠정구 하나 치겠다'라고 하면 안된다. 해저드 처리를 하고 쳐야 한다.

Golf Tip

아마추어들의 세계에서 '잠정구'라고 외치지 않았다고 원구를 분실구로 처리해야 한다는 식으로 골프규칙만을 주장한다면 아마 그 사람은 다시는 동반자들과 라운드를 하지 못하게 될 것이다. 동반자가 다시 치는 것이 미안한 생각에 '잠정구'를 치지 않고 나가려고 할 경우 만약을 대비해서 '잠정구'를 치고 나가도록 배려해주는 것이 필요하다.

◆ 삼정구를 치고 나갔는데 원구를 찾았다. 그런데 원구가 도저히 칠 수 없는 상황이 될 수 있다. 차라리 로스트볼이 됐으면 잠정구를 치면 되지만 골프 규칙에서는 이를 허용하지 않고 있다. 원구를 찾는 순간 잠정구의 역할을 끝났기 때문이다. 원구가 도저히 칠 수 없다면 '언플레이어블 볼(unplayable ball)'을 선언하고 그 절차에 따라 처리해야 한다.

〈페어웨이〉

◆ 친 볼이 진흙탕에 떨어져 구르면서 페어웨이에 멈췄으나 진흙이 붙어 있을 때가 있다. 규칙에서는 볼에 달라 붙어 있는 흙을 제거하지 못하도록 하고 있다. 그러나 프로대회에서는 이런 상황이 발생할 가능성이 있으면 페어웨이(옆 홀 페어웨이는 제외)와 그린에지에 한해 '프리퍼드 라이(preferred lie;볼을 들어 올려 닦고 한 클럽 이내에 리플레이스할 수 있도록 정한 규정. 'lift, clean & place' 라고도 한다)' 를 적용토록 해준다.

Golf Tip ㅣㅣㅣㅣㅣㅣㅣㅣㅣㅣㅣㅣㅣㅣㅣㅣㅣㅣㅣㅣㅣㅣㅣㅣㅣㅣㅣㅣ
아마추어 골퍼들도 동반자끼리 약속을 하지 않았더라도 페어웨이나 그린에지에서는 볼에 흙이 묻으면 닦고 쳐도 무방하다고 생각한다.

◆ 골프장에 따라 거리 표시 말뚝을 두고 있는데 어떤 곳은 살아있는 나무로 거리 표시를 해놓는 경우가 있다. 말뚝이 스탠스나 스윙에 방해가 되면 구제가 가능하지만 살아있는 나무로 표시돼 있는 것이 방해가 될 때는 구제를 받을 수 없다.
◆ 연습 스윙을 하다가 백스윙에 방해가 되는 나뭇가지를 부러뜨렸다면 2벌타를 받게 된다. 주변에 나뭇가지가 있을 때는 연습 스윙을 조심해야 한다.
◆ 페어웨이나 러프에 두 개의 볼이 붙어 있을 때가 있다. 플레이에 방해가 되면 먼저 치는 사람이 마크를 요구할 수 있다.
◆ 예전에는 코스에서 동반자에게 홀까지 얼마나 남았느냐고 거리를

물으면 벌타를 줬으나 2008년 개정된 규칙에서는 사라졌다. 거리는 이미 공지된 정보로 보고 어드바이스가 아니다라고 규정했다. 동반자, 캐디 등 누구에게 물어봐도 된다.

◆ 먼저 친 사람에게 "몇 번으로 쳤냐"고 물어보는 사람이 있다. 물어본 사람에게는 2벌타가 주어진다. 답변을 하지 않으면 벌타가 없으나 "몇 번으로 쳤다"고 말해주면 역시 2벌타를 준다.

Golf Tip
프로 세계에서는 필요할지 모르지만 참으로 어리석은 골프 룰이다. 아마추어들은 서로 가르쳐주면서 치는 것이 더 바람직하다.

◆ 사용한 클럽을 물어보면 안 되지만 골프백을 보고 몇 번 클럽을 썼는지 파악하는 것은 상관없다. 그러나 클럽 위에 수건이 덮어져 있을 경우 이를 들추고 보면 벌타가 주어진다.
역시 어리석은 룰이다. 아마추어들은 크게 신경 쓸 필요 없다.

◆ 지주목은 '움직일 수 없는 인공 장애물'이라 스윙이나 스탠스에 방해를 받으면 구제를 받을 수 있다. 그러나 볼이 날아가는 방향에 있을 경우에는 구제받을 수 없다.

Golf Tip
아마추어들은 볼이 날아가는 방향에 지주목이 있을 경우 동반자의 동의를 얻어 구제받는 것을 허용하는 것은 어떨까. 아마추어 골퍼들에게 움직일 수 없는 인공장애물은 구제받아야 한다.

〈OB티〉

◆ OB는 'Out of Bounds'의 약자다. 볼이 코스 경계선 밖으로 나간 것을 말한다. 티(Tee)는 '티잉그라운드(teeing ground)'의 준 말이다. 'OB티'란 OB가 나면 치는 지역을 말한다. 국내는 대부분 진행을 원활하게 하기 위해 페어웨이 중간에 OB티를 두고 있다. 외국에는 존재하지 않는다.
티샷이 OB가 나면 원래 쳤던 티잉그라운드에서 1벌타를 받고 3타째를 다시 치게 돼 있다. 또 OB가 나면 5타째를 친다. 그러나 OB티로 나가서 치게 되면 이는 4타째가 된다. 1벌타에다 앞으로 간 만큼 이를 1타로 계산한다. 그래서 아마추어 골퍼들 중에 가끔 OB가 나면 2벌타를 부과한다고 오해하는 이들이 있다.

◆ OB티에서 아마추어 골퍼들끼리 논란의 소지가 있는 것으로 티를 꽂고 쳐도 되는 지의 여부다. 로컬룰로 정해 놓은 티잉그라운드이니까 티를 꽂고 쳐도 된다는 주장이 있고 다른 쪽은 OB티라는 것은 티잉그라운드에서 친 볼이 여기까지 왔다고 가정을 하고 치는 것이기 때문에 드롭하고 쳐야 한다는 주장이다. 필자는 사실 후자쪽이 더 맞다고 생각한다. OB티라는 것도 사실 있는 말이다. 티를 꽂고 치는 것은 티잉그라운드만 가능하다.

〈드롭(Drop)의 모든 것〉

드롭을 이해하려면 먼저 기준점을 숙지해야 한다. 워터 해저드에 빠지면 볼이 최후로 해저드에 들어간 지점이 기준점이다. 이 지점에서 두 클럽 이내 거리에서 드롭을 한다. 언플레이어블 볼을 선언하면 볼이 있던 자리가 기준점이다. 이 지점에서 두 클럽 이내에서 드롭 한다.

카트도로, 움직일 수 없는 장애물, 쓰지 않는 그린 등은 기준점이 다르다. '니어리스트 포인트(nearest point of relief;구제 기점)'를 정해야 한다. 이를 정하는 요령은 다음과 같다.

(1) 홀에 가깝지 않아야 하고
(2) 장애물을 피해야 하고
(3) 원래 볼이 있던 곳에서 가장 가까운 곳이어야 한다. 이 지점에서 한 클럽 길이 이내에서 볼을 드롭 한다.

벌타 없이 구제받으면 한 클럽 길이 이내에서 드롭하고 벌타가 있으면 두 클럽 길이 내에서 드롭 한다. 기점을 정하지 않고 드롭을 하면 '오소(誤所)플레이'로 2벌타가 부과된다.

Golf Tip

아마추어 골퍼들이 드롭을 완벽하게 이해하고 칠지히게 규칙에 맞게 적용한다는 것은 불가능하다. '두 클럽 이내 거리'와 '니어리스트 포인트 + 한 클럽 이내 거리'는 비슷한 거리다. 드롭은 대략 두 클럽 이내에서 이뤄지고 있는 셈이다. 이 정도 거리만 벗어나지 않으면 된다. 그래도 드롭의 기준점을 정확하게 알고 드롭 방법까지 알고 있다면 금상첨화일 것이다.

◆ 드롭한다고 볼을 대충 던지지 말라. 프로들은 드롭을 할 때 클럽(보통 가장 긴 드라이버를 사용한다)을 빼내 양 끝에 나무티로 표식을 한 다음 그 사이에 드롭을 한다. 프로들은 클럽으로 정한 거리를 벗어나면 다시 드롭을 해야 한다. 드롭도 바르게 서서 목표 지점을 보면서 한 손으로 공을 들고 옆으로 팔을 든 상태에서 공을 떨어뜨린다. 프로들이 이런 규정된 방법으로 드롭하지 않고 볼을 던져놓고 플레이하면 1벌타를 받는다.

Golf Tip

아마추어는 드롭 규정을 100% 따르기 힘들다. 클럽으로 길이를 재는 행위를 할 필요는 없다. 대충 이 지점이면 되겠다 싶은 곳을 동반자에게 양해를 구한 다음 공을 드롭하면 된다. 다만 드롭 할 때는 프로랑 똑같이 하자. 대충 던지면 보기에도 별로 안좋다. 바르게 서서 한 팔을 옆으로 들어 공을 떨어뜨리자. 그것만 해도 당신을 바라보는 눈이 달라질 것이다.

◆ 아마추어들은 드롭과 플레이스(place)를 구분해야 한다. 드롭을 한다고 해놓고 볼을 집어다 조심히 지면에 놓으면 그건 플레이스다. 드롭은 드롭답게 해야 한다.

◆ 드롭하기 전에는 볼을 닦아도 된다. 그냥 무작정 드롭하지 말고 깨끗이 닦고 드롭하기 바란다.

◆ 경사지에서 드롭하면 볼이 떨어진 뒤 계속 굴러가게 된다. 규칙은 볼이 떨어진 곳으로부터 두 클럽 길이 이상 굴러가면 재드롭 하도록 규정하고 있다. 다시 드롭했는데도 다시 두 클럽 이상 굴러가면 이 때 볼이 떨어져 지면에 처음 닿은 지점에 볼을 플레이스하고 치면 된다.

◆ 아마추어들은 경사지에서 드롭 할 때 볼이 떨어지는 지점을 잘 골라서 하는 것이 유리하다. 굴러갈 상황이 뻔하기 때문에 조금이라도 좋은 위치에 볼을 드롭 해야 한다.

경사지를 잘 활용하면 드롭 지역을 아주 넓게 활용할 수 있다. 1벌타를 받고 두 클럽 거리 사이에서 드롭을 할 수 있고 여기에다가 볼이 떨어진 뒤 구르다 두 클럽 이내 거리에 멈추면 플레이를 할 수 있다. 즉 최대 네 클럽 거리까지 벗어날 수 있다는 것이다.

키트도로의 경우 니어리스트 포인트를 정하고 거기서부터 한 클럽 길이 이내에 드롭이 가능하다. 여기서도 경사지를 따라 볼이 두 클럽 이내에 멈추기만 하면 니어리스트 포인트에서 세 클럽까지 벗어날 수 있다는 얘기다.

경사지일 경우에는 이런 규칙이 있다는 것을 알고 드롭을 하면 자신에게 유리한 룰을 적용할 수 있다.
- ◆ 홀 쪽으로 가깝게 가지 말라. 드롭을 할 때 가장 조심해야 할 것은 홀 쪽으로 다가가면 안된다.

예를 들어 골프장에서 두 개의 그린이 있을 때 사용하지 않고 있는 그린에 공이 올라갔을 때 드롭하는 요령은 다음과 같다. 이런 상황에서는
(1) 그린에서 벗어나고
(2) 홀에 가깝지 않아야 하고
(3) 드롭의 위치가 볼이 멎은 지점에서 가까운 곳이어야 한다.

- ◆ 카트 도로로 볼이 가 구제를 받으려고 하는데 볼에서 가장 가까운 '니어리스트 포인트'가 벙커 내 일수 있다. 이런 경우에는 벙커를 피하고 볼에서 가장 가깝고 홀에서는 가깝지 않은 곳에 기점을 정하면 된다. 퍼팅 그린도 마찬가지로 기점이 될 수 없다.
- ◆ 벙커내 드롭은 벙커안에서 해야 한다. 벙커 턱 밑에 볼이 박히는 경우가 있다. 도저히 칠 수 없을 때 '언플레이어블 볼'을 선언하고 드롭을 하는데 벙커내에서 2클럽 이내에서 홀과 가깝지 않은 곳에 드롭을 해야 한다.(규칙 28조)
- ◆ 코스 내의 일시적으로 고인 물을 '캐주얼 워터'라고 한다. 골퍼의 스탠스나 볼이 캐주얼 워터 안에 걸리면 그대로 칠 수 있고 '니어리스트 포인트'에서 한 클럽 이내의 거리에서 드롭할 수 있다.
- ◆ 볼이 코스 근처의 지붕 위로 올라가 멈출 수 있다. 이건 움직일 수 없는 장애물에 있으므로 카트도로 위에 볼이 있는 것과 똑같다고 생각하고 기점을 정한 뒤 한 클럽 길이 이내에서 드롭하고 치면 된다.

〈언플레이어블 볼〉

볼이 숲속이나 가시덤불 같은 칠 수 없는 구역으로 들어갔을 때 '언플레이어블 볼(Unplayable ball)'을 선언할 수 있다. 선언이라고 하지만 동반자에게 말할 필요는 없다.

언플레이어블 볼은 1벌타를 받고 칠 수 있는 옵션이 세가지다.

(1) 처음 쳤던 곳으로 돌아가 다시 치거나
(2) 볼이 멈춘 지점 옆에서 홀에 가깝지 않은 곳으로 두 클럽 길이 내에 드롭하고 치거나
(3) 볼과 홀을 잇는 후방선상에 거리제한 없이 드롭하고 칠 수 있다.

Golf Tip

아마추어 골퍼들은 다시 되돌아가 치기 어렵고 두 클럽 이내 드롭하기 어려운 경우가 많다. 이런 경우에는 볼과 홀을 잇는 후방선상으로 가는 것도 괜찮다. 진행상 여의치 않을 때 아마추어들은 대충 '좋은데 빼놓고 친다'. 1벌타를 받았으니 이 정도는 봐줘야 한다는 것이다.

다만 이런 상황에서 지혜로운 방법은 동반자에게 양해를 먼저 구해야 한다. 동반자가 아무런 말도 하지 않는 상태에서 '빼놓고 칠께' 하면 무례한 행동이 될 수 있다. 동반자에게 "언플레이어블 볼을 선언했는데 마땅히 드롭 할 지역이 없네요"라고 묻고 난 뒤 동반자가 허락하면 볼을 들고 나와야 한다. 1벌타를 부과한 뒤 홀쪽으로 가깝지 않은 쪽에 드롭을 하고 치는 것이 바람직하다.

〈해저드〉

해저드는 워터 해저드(노란 말뚝이나 선)와 래터럴 워터 해저드(빨간 말뚝이나 선)로 나뉜다. 노랑 말뚝이 있는 해저드에 볼이 빠지면

(1) 원위치로 되돌아가 치거나

(2) 볼이 최후로 해저드 경계선을 지점과 홀을 연결하는 후방선상에서 드롭하고 친다. 대부분 해저드 뒤에서 드롭하고 쳐야 한다.

래터럴 워터 해저드란 페어웨이와 나란히 있는 해저드를 말한다. 빨강 말뚝이나 선으로 표시한다. 여기서는 노랑 말뚝에서 처리하는 (1)(2)와 함께 한가지 옵션이 더 있다.

(3) 볼이 최후로 해저드로 들어간 지점에서 두 클럽 길이 이내(홀과 가깝지 않아야 한다)에서 드롭하고 친다.

◆ 골프장에서 해저드에 볼이 빠질 경우 치도록 '드롭존(해저드티)'을 정해 놓았다면 그곳에서 쳐야 한다. 그러나 드롭존이 없을 경우에는 규칙에 따른다.

◆ 해저드 옆에 노란 말뚝이 있으면 해저드 뒤쪽에서 쳐야 한다. 해저드를 건너가서 치면 안된다.

특히 워터해저드가 그린 앞에 있는 연못이라고 하자 그럴 경우 볼이 해저드에 들어갔다면 맞고 들어간 지점 옆이나 연못 뒤에서 드롭하고 쳐야 한다.

아마추어 골퍼들은 연못 해저드에 빠지더라도 연못을 건너가서 그린 주변에서 치곤 한다. 그린주변에서 3타째를 쳐서 심지어 파나 보기를 하곤 한다. 원래 룰은 그렇지 않다. 해저드티가 따로 없다면 룰

을 따라야 한다. 코스마다 상황이 다르기 때문에 누구는 해저드에 빠졌는데 그린 바로 옆에서 치고 누구는 해저드 뒤에서 쳐야 하는 상황이 발생할 수 있기 때문이다.

◆ 해저드에서도 볼을 칠 수 있으면 칠 수 있다. 무리할 필요는 없지만 샷을 하는데 별 지장이 없다면 시도해볼만하다. 해저드에서 볼을 칠 때 룰을 알아두면 좋다.

_ 클럽이 지면에 닿으면 안된다. 그러나 잔디나 러프 같은 것을 건드리는 것은 괜찮다. 지면에 클럽을 대지 못하도록 하는 것은 해저드를 테스트한 것으로 간주하기 때문이다.

_ 돌, 나뭇조각 등이 볼 옆에 있으면 그대로 쳐야 한다. 그러나 음료수 캔 등 쓰레기 같은 것이 볼 옆에 있으면 치우고 칠 수 있다. 치우다가 볼이 움직이면 다시 원위치하고 치면 된다.

_ 겨울철에 워터 해저드 물이 얼어 있으면 들어가서 쳐도 된다. 이때도 클럽헤드가 얼음 바닥에 닿으면 안 된다.

그러나 1타를 아끼려다가 해저드에서 샷을 시도하다가 탈출에 실패하며 스코어 몰락으로 이어질 수 있다. 해저드로 들어가 볼에 대한 미련을 빨리 버리고 그냥 1벌타를 받고 드롭을 하고 치는 것이 현명하다.

◆ 래터럴 워터해저드 경계에 볼이 놓여 있는 경우가 있다. 말뚝으로 되어 있으면 말뚝과 말뚝의 페어웨이 쪽을 연결하는 선에 볼이 접촉해 있으면 해저드에 있는 볼이 된다. 경계가 선으로 돼 있으면 선에 접촉해 있으면 해저드 안에 있는 볼이다.

◆ 해저드나 벙커로 들어간 볼이 깨졌거나 금이 가면 동반자의 동의를

얻어 볼을 바꿀 수 있다. 그러나 만약 깨져 있지 않다면 집어 올린 볼을 닦아서는 안되며 볼을 제자리에 다시 놓아야 한다.

〈벙커〉

◆ 볼이 벙커로 들어갔으나 발자국으로 들어간 경우가 종종 있다. 규칙은 있던 상태 그대로 치도록 하고 있다. 참으로 불운한 케이스라고 할 수 있다.

Golf Tip|||||||||||||||||||||||||||||||
아마추어 골퍼들끼리는 이런 경우 벙커를 고른 다음 그 위에 볼을 플레이스하고 치도록 하는 것은 어떨까. 프로들은 벙커 정리가 완벽하게 된 상태에서 플레이를 하기 때문에 볼이 발자국으로 들어가는 경우가 드물다. 하지만 아마추어 골퍼들은 벙커 정리를 안하고 서둘러 떠날 때가 많다. 피해는 고스란히 뒷사람에게 전가된다. 이를 그대로 치라고 하는 것은 너무 융통성없는 룰 적용이다. 동반자의 동의를 받고 벙커정리를 한 다음 치는 것을 생각해볼 수 있다.
골프 규칙은 '라이 개선'을 할 경우 2벌타를 부과하고 있다. 그러나 아마추어 골프 환경을 감안하면 너무 가혹한 벌타 규정이다.

◆ 볼이 벙커를 정리하는 고무래에 걸리는 경우가 있다. 이럴 때는 먼저 고무래를 치우고 치면 된다. 경사가 져 있을 경우 고무래를 치우면 볼이 굴러내려갈 수 있다. 이럴 때는 원래 있던 자리에 놓고 치면 된다. 벌타는 없다. 고무래는 움직일 수 있는 인공장애물이라 벌타 없이 치울 수 있다.

◆ 볼이 벙커 내에 있는 나뭇잎이나 돌멩이 등과 붙어 있을 때가 있다. 규칙은 벙커를 해저드로 본다. 해저드에서는 돌이나 나뭇잎 같은 '루스 임페디먼트(생장하지 않고 고정돼 있지 않은 자연물)'를 치우거나 닿으면 안된다. 2벌타를 받는다.

Golf Tip

아마추어 골퍼들은 이 정도를 치우는 것은 용납할 수 있다. 실제로 로컬룰로 돌같은 것은 다칠 위험이 있어 치우도록 하고 있다. 또 해저드 안에있는 깡통 병같은 쓰레기도 치울 수 있도록 하고 있다. 나뭇잎이 볼을 덮어 보이지 않을 때는 약간 치우고 칠 수 있도록 하고 있기도 하다. 해저드라도 볼 옆에 방해 요소가 있으면 치우고 쳐도 된다고 하면 될 것을 너무 엄격하게 규정해놓고 있는 사례라고 할 수 있다.

◆ 벙커에서 친 볼이 턱에 맞고 되돌아와 자신의 몸에 맞을 때가 있다. 골프규칙은 과거 2벌타를 부과했으나 2008년부터 1벌타를 부과하도록 경감했다. 아마추어 골퍼들은 이런 룰을 숙지만하고 벌타 부과는 안하는 것이 낫다.

◆ 벙커샷을 할 때 클럽이 모래에 닿으면 안된다. 연습 스윙을 할 때 모래를 건드리지 않도록 조심해야 한다. 벙커샷을 한 다음 볼이 벙커에서 빠져 나가지 못했을 경우에도 클럽을 지면에 대면 안된다. 간혹 벙커샷 실패 후 화기 난 나머지 클럽으로 벙커를 치는 경우가 있다. 그러면 벌타를 받게 된다. 심지어 벙커샷을 한 벙커는 탈출했으나 다른 벙커로 들어갔을 때도 클럽을 모래에 대면 안된다.

사실 이 규칙도 지나친 감이 있다. 이런 규칙을 알고는 있되 아마추어 골프의 세계에서는 눈감아 줄 필요가 있다. 이런 것 까지 시시콜

콜하게 따지면 한도 끝도 없다.

◆ 벙커턱에 있는 볼은 벙커 안에 있는 것으로 간주하지 않는다. 그래서 이 경우에는 클럽이 모래에 닿아도 벌타가 없다.

◆ 벙커샷을 할 때 다른 클럽을 모래에 둘 때도 원칙이 있다. 그냥 가만히 모래에 놓으면 상관없지만 헤드를 모래 속에 푹 찔러 놓으면 모래를 테스트한 것으로 보고 벌타를 부과한다. 우산도 마찬가지다. 벙커안으로 들어가면서 고무래를 들지 않고 모래에 끌고 들어가도 2벌타.

이것도 아마추어 골프의 세계에 적용하기에는 지나치게 엄격한 룰이다. 그러나 벙커에서 샷을 하기 전에 모래를 테스트하면 안된다는 것은 알고 있어야 한다.

◆ 볼이 벙커 모래에 박힐 경우가 있다. 자신의 볼 인지 확인도 불가능할 때가 있다. 예전에는 자신의 볼 인지를 확인하기 위해 볼을 집어 들 경우 1벌타를 부과했으나 최근 규정이 완화돼 벌타없이 확인할 수 있도록 했다. 볼을 확인한 뒤 원위치 시켜야 한다.

Golf Tip

이 경우에는 아마추어 골퍼라도 '빼놓고 치라'는 식으로 적용하면 곤란하다. 똑같이 벙커에 들어간 사람과 그래도 차별이 있을 필요가 있다. 너무 치기 힘들면 언플레이어블 볼을 선언하고 1벌타를 받고 벙커 내에서 드롭하고 치도록 한다. 해저드에서 치기 어렵다고 모두 무벌타 드롭을 허용할 수는 없는 노릇이다.

⟨그린⟩

- 퍼팅하기 전에 그린에 볼을 놓을 수 있는 사람은 플레이어뿐이다. 국내 골프장에서는 캐디가 볼을 대신 놔주는 경우가 허다하지만 규칙은 허용하지 않고 있다. 이런 규칙은 아마추어라도 따라주는 것이 옳다. 자신이 직접 볼을 놓도록 하자.
- 그린 밖에서 친 볼이 그린 위에 있는 볼과 충돌할 때가 있다. 이런 경우 둘 다 벌타가 없다. 그린 밖에서 친 사람의 볼은 정지한 곳에서 치면 된다. 홀인이 되더라도 인정받는다. 그린 위에 있던 볼은 원위치로 갖다 놓으면 된다. 홀인이 되더라도 인정받지 못한다.
- 동시에 그린 밖에서 친 볼이 부딪혔다면 벌타 없이 멈춘 자리에서 플레이를 하면 된다.
- 그린 위에서 친 볼이 다른 동반자의 볼을 맞히면 2벌타다. 퍼팅을 하기 전 다른 볼이 퍼트선상에 있는 지를 확인하고 마크하도록 해야 한다. 그러나 볼을 맞혔더라도 그 위치가 변경되지 않았다면 벌타는 없다.
- 그린위에서 동시에 퍼팅을 해 서로 부딪혔다면 가까운 쪽에 있는 골퍼에게 2벌타를 부과한다. 멀리 있는 사람부터 퍼트를 해야 하기 때문에 순서를 어긴 골퍼에게 책임이 있다. 그런 다음 원위치에서 다시 퍼트해야 한다. 똑같은 거리였다면 벌타가 없고 다시 치기만 하면 된다.
- 그린에서 볼이 움직이고 있을 때 퍼트를 하면 2벌타다. 반드시 멈출 때까지 기다렸다가 퍼트해야 한다.

◆ 그린 옆 에이프런에 놓여 있는 볼을 퍼터로 치려고 하는데 볼과 홀 사이에 스프링쿨러 헤드가 있다면 로컬룰로 정하지 않으면 구제를 받을 수 없다. 로컬룰로 정할 수 있는 것은 아마추어 골퍼들은 유리하게 해석해 구제받으면 된다.

◆ 연습 퍼팅을 하다가 칠 의사가 없었는데 볼을 실수로 건드리면 1벌타를 받는다. 티샷을 하고 나면 볼은 인플레이의 볼이 된다. 퍼팅 그린 위에 있는 볼도 인플레이의 볼이다. 인플레이 상태에서는 칠 의사가 있건 없건 1벌타를 받고 원위치에 리플레이스해야 한다.

Golf Tip

아마추어에게 연습하다 볼을 건드릴 때 1벌타를 부과하는 것은 다소 억울하다. 아무튼 인플레이가 되면 볼을 건드리지 않아야 한다는 것을 알고 있어야 한다.

◆ 그린에서 마크를 하지 않고 볼을 집어 올리는 경우가 있다. 마크하지 않고 들면 1벌타. 그린에서는 마크를 하는 습관을 들여야 한다.

◆ 사용하지 않은 그린에 있는 볼을 그냥 치면 2벌타다. 반드시 그린 밖에 드롭하고 쳐야 한다.

◆ 깃대가 홀에 꽂혀 있는 상태에서 퍼트를 했는데 볼이 깃대를 맞혔다면 골프 규칙은 2벌타를 부과하고 볼이 정지한 곳에서 다음 플레이를 하도록 하고 있다. 아마추어 골퍼들은 알고만 있으면 될 것 같다.

◆ 그린에 놓여 있는 깃대를 맞히면 2벌타가 주어진다. 프로들은 캐디가 깃대를 잡고 있다. 유심히 보면 그들은 절대 그린에 깃대를 내려놓지 않는다. 캐디끼리 서로 주고 받으면서 깃대를 관리한다.

Golf Tip |||||||||||||||||||||||||||||||

아마추어 골프의 세계에서 깃대는 거의 그린 위에 놓이는 경우가 다반사다. 깃대를 뽑아 놓을 때는 그린 밖에다 내려놓은 것이 바람직하다. 그린에 있는 깃대를 맞혔다고 2벌타를 부과한다는 것은 사실 아마추어들이 받아들이기 어렵고 그리 적용하는 사람들도 없을 것이다. 깃대를 뽑으면 그린 밖에 놓는 습관을 들이는 것이 가장 좋다.

◆ 그린에 볼을 굴려서 건네주거나 하면 2벌타다. 그린 빠르기를 테스트 할 수 있기 때문이다. 이런 규칙은 아마추어 골퍼라도 따라야 한다.

〈어드레스〉

 골프 규칙에서는 어드레스를 '스탠스를 취하고 클럽헤드를 볼 뒤에 갖다 댄 것'이라고 표현한다. 이 행위 여부에 따라 룰 적용이 달라지기도 한다.

 ◆ 어드레스를 한 다음 볼이 움직이면 1벌타를 받게 된다. 어드레스를 하기 전에 공이 움직이면 벌타 없이 리플레이스를 할 수 있지만 어드레스를 한 뒤에 볼이 움직이면 골퍼에게 책임이 있어 벌타가 주어진다. 그래서 바람이 불거나 경사진 곳에서는 조심해야 한다. 볼이 원위치에서 흔들거릴 때도 있다. 이런 경우는 무벌타다.

 이 룰은 바람이나 다른 자연적인 것에 의해 볼이 영향을 받을 때는 선수에게 벌타를 부과하지 않아야 한다는 지적을 받고 있다. 조만간 개정 가능성이 높다.

Golf Tip ㅣㅣㅣㅣㅣㅣㅣㅣㅣㅣㅣㅣㅣㅣㅣㅣㅣㅣㅣㅣㅣㅣㅣㅣㅣㅣ
아마추어 골퍼들은 무시해도 좋을 듯 하다. 그렇다고 매 샷을 할 때마다 볼을 건드리고 치는 '터치 플레이'는 볼썽사나운 행위다. 아마추어 세계라도 용인돼서는 안된다. 터치 플레이를 하는 사람은 매 번 볼을 좋은 위치로 옮겨 놓고 칠 가능성이 높다.

〈기브〉

◆ 소위 'OK' 라고 한다. 홀에 가깝게 붙였을 경우 홀아웃을 한 것으로 인정해주는 것이다. 프로들은 아무리 짧게 남아도 반드시 홀아웃을 해야 한다. 예외로 매치플레이에서는 상대방이 '기브(주로 컨시드 라고 한다)' 를 주면 홀아웃을 하지 않고 볼을 집을 수 있다.

Golf Tip ㅣㅣㅣㅣㅣㅣㅣㅣㅣㅣㅣㅣㅣㅣㅣㅣㅣㅣㅣㅣㅣㅣㅣㅣㅣㅣ
아마추어 골퍼들 사이에서 OK를 주는 것은 합당하다. 프로처럼 홀아웃을 끝까지 안해도 용인할 수 있다. 보통 아마추어들은 일반 퍼터의 그립을 뺀 부분의 길이 이내로 볼이 홀 근처에 근접하면 OK를 주고 있다. OK를 받으면 볼을 집는 것이 좋다. OK를 줬는데도 끝까지 홀아웃 하겠다고 했다가 볼이 들어가지 않으면 본인도 기분이 찜찜하고 OK를 준 동반자도 기분이 썩 유쾌하지는 않다.

〈벌타 없는 구제〉

◆ 골프 룰에서 벌타 없이 구제받을 수 있는 경우는 수리지, 캐주얼워

터, 움직일 수 없는 장애물, 지주목, 조명탑, 방공시설, 임시로 설치된 TV 중계탑, 관람석 등이 있다.
- 카트도로에 볼이 멈추면 무벌타 드롭이다. 카트도로의 경우 니어리스트 포인트를 정하고 거기서부터 한 클럽 길이 이내에 드롭하면 된다.
- 화단에 볼이 떨어지면 국내 골프장은 대부분 로컬룰로 무벌타 드롭하도록 하고 있다. 간혹 그렇지 않은 골프장이 있으나 무벌타 드롭을 적용하는 것이 바람직하다.
- 해저드 표시 말뚝은 인공 장애물이므로 스탠스를 취하거나 스윙하는데 방해를 받으면 구제받을 수 있다. 쉽게 뽑히면 뺀 다음 치고 뽑히지 않으면 니어리스트 포인트를 정한 뒤 한 클럽 길이 내에 드롭하고 친다.
- 볼이 페어웨이 디보트 자국을 메운 모래 속에 박혔다면 구제를 받을 수 있다.
- 러프에 들어간 볼을 찾다가 볼을 밟을 수 있다. 벌타는 없다. 볼을 리플레이스하고 치면 된다. 지면 깊숙이 들어가 원위치가 불가능하면 볼이 있던 지점에서 한 클럽 길이 이내 볼을 놓고 플레이할 수 있다.
- 친 볼이 갤러리가 깔고 앉았던

신문이나 돗자리 위에 멈출 때가 있다. 골프 규칙은 벌타 없이 볼을 집어 올리고 신문지나 돗자리를 치운 다음 볼이 있던 곳에 드롭하면 된다.

◆ 겨울철에 눈은 '캐주얼 워터'나 '루스 임페디먼트'로 간주한다. 볼이 눈더미 옆에 있거나 스윙하는데 방해가 되면 구제받거나 치울 수 있다. 그린에는 얼음이 얼어있을 수 있다. 이는 캐주얼 워터로 간주해 이곳을 피해 다른 곳에서 퍼트가 가능하다. 그러나 이슬이나 서리는 구제받지 못한다.

겨울철에는 정상적인 라운드가 사실상 불가능하다. 그래도 라운드를 나간다면 동반자들끼리 볼을 무조건 집어서 닦고 한 클럽 이내에서 드롭하고 치자고 하는 것이 좋다.

〈로컬룰〉

◆ 로컬룰은 프로 대회에서 기존의 룰에 벗어나지만 용인하는 것이다. 국내 골프장에서 OB티나 해저드티를 둔 것도 일종의 로컬룰이다.

Golf Tip ∣∣∣∣∣∣∣∣∣∣∣∣∣∣∣∣∣∣∣∣∣∣∣∣∣∣∣∣∣∣
골프장에서 정한 것 외에 아마추어들은 4명의 동반자가 서로 합의해 로컬룰을 적용해 보는 것은 어떨까. 다만 아무거나 만들면 안된다. 프로 대회에서 사용되고 있는 로컬룰을 참고해서 그 수준에서 적용하면 된다.

(1) 비가 내려 페어웨이가 젖어있을 경우 페어웨이에 공이 떨어지면 마크를 하고 집어 올려서 닦은 다음 치도록 한다.
(2) 볼이 페어웨이에 박힐 경우에는 빼내고 칠 수 있다.
(3) 프로들은 가끔 로컬룰로 '러프에 박힌 볼은 구제받을 수 있다'고 정하기도 한다. 아마추어들도 따를만 하다.

〈스코어카드 오기〉

프로들이 가장 많은 실격을 당하는 것이 바로 '스코어카드 오기'다. 자신의 스코어를 줄여 적은 채로 스코어카드를 제출하면 실격이 된다. 스코어카드를 제출할 일이 별로 없는 아마추어들에게는 이런 일이 없다. 그러나 아마추어 대회에 나가면 해당 사항이 된다.

신문에 결코 쓸 수 없었던 골프 이야기
한국의 골퍼들2
발상의 전환편

지은이 한은구
펴낸이 김병은
기획·편집 서 진
펴낸곳 프롬북스

등록 제313-2007-000021호(2007.2.1.)
1판 1쇄 인쇄 2011년 6월 15일
1판 1쇄 발행 2011년 6월 22일

주소 경기도 고양시 일산동구 장항동 867 웨스턴타워 1동 717호
문의 031-931-5990
팩스 031-931-5992
홈페이지 www.frombooks.co.kr
전자우편 edit@frombooks.co.kr

ISBN 978-89-93734-12 13690
정가 12,000원

한국어판 출판권 ⓒ 프롬북스 2011

이 책은 저작권법에 따라 보호를 받는 저작물이므로 무단전재와 복재를 금지하며,
이 책 내용의 전부 또는 일부를 사용하려면 반드시 저작권자와 프롬북스의
서면 동의를 받아야 합니다.

* 잘못되거나 파손된 책은 구입하신 서점에서 교환해 드립니다.